魔女とネコ 家さがし

CAT'S WITCH
by Kara May
illustrated by Doffy Weir

Japanese edition published
by CHIISANASHUPANSHA Chiba 2000

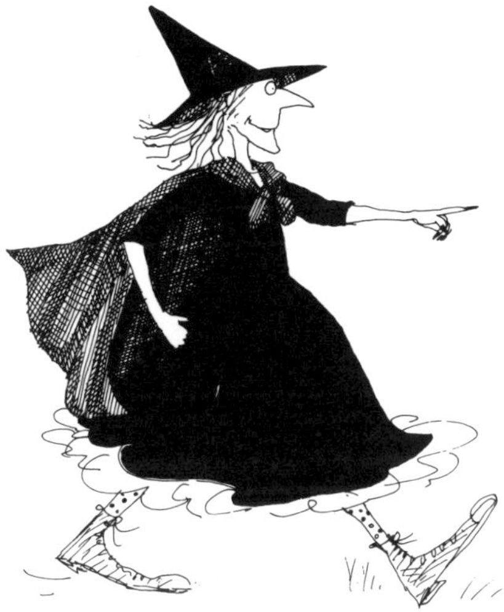

魔女とネコ 1

魔女とネコ 家さがし

カーラ・メイ・作 ドフィ・ウィアー・絵
小浜 杳・訳

小さな出版社

（1）

ピューン！
空を切りさいて、魔女とネコが飛んでいきます。
空飛ぶほうきにのって、魔女がやってきたのです。
ネコは、魔女につかえる魔女ねこの名前です。
魔女の名は、アギー。

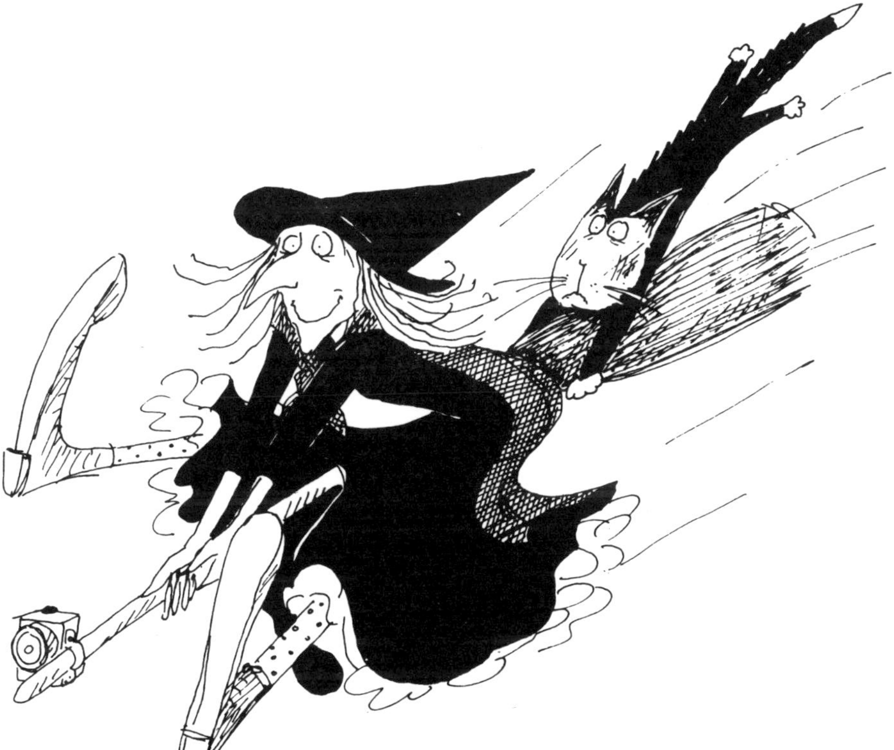

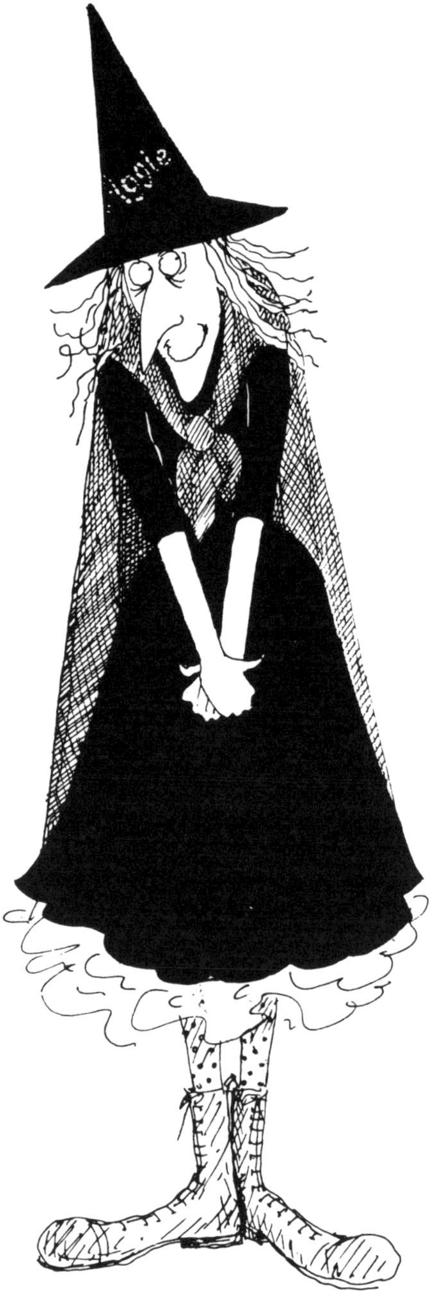

アギーは、正真正銘の魔女です。

のっぽでやせていて、ざんばら髪に、とんがり帽子。

ゆったりと体をくるむマントと帽子には、星のかけらで「アギー」とぬいとりがしてあります。

足はかなり大きくて、靴のサイズは36センチ。みごとなかぎ鼻は、おこると先が赤くなります。

ネコはというと、ちょっと見には、ふつうのねこと変わりません。でも、ひとつだけちがうところは――目が、まっ赤なんです。

まだ、ほんの子ねこのころから、ネコはアギーと、いっしょにいます。何年も何年も、空を飛びながら気ままにくらしてきました。

なのに今、二人は家をさがしているのです。

「そろそろ、腰を落ち着けなきゃね。一軒家に住みたいな。自分の家を持つの！」

魔女のアギーはいいました。

まあね、自分の家を持ちたいなんて、いうだけなら簡単なんですけど！

アギーの気に入る家を見つけるのは、なまやさしいことじゃありません。どの家を見ても、どこかしら気にくわないところが、出てくるんです。

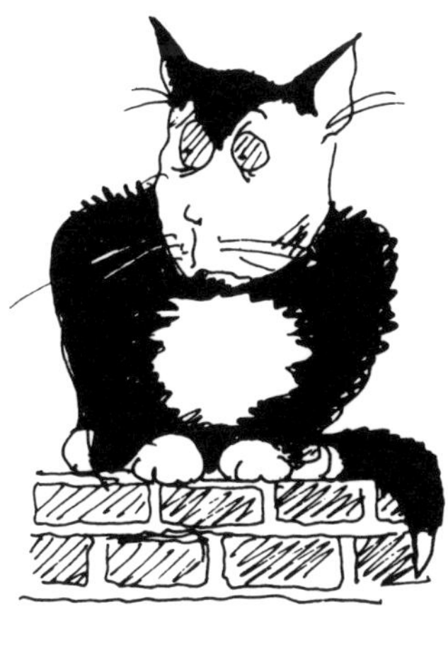

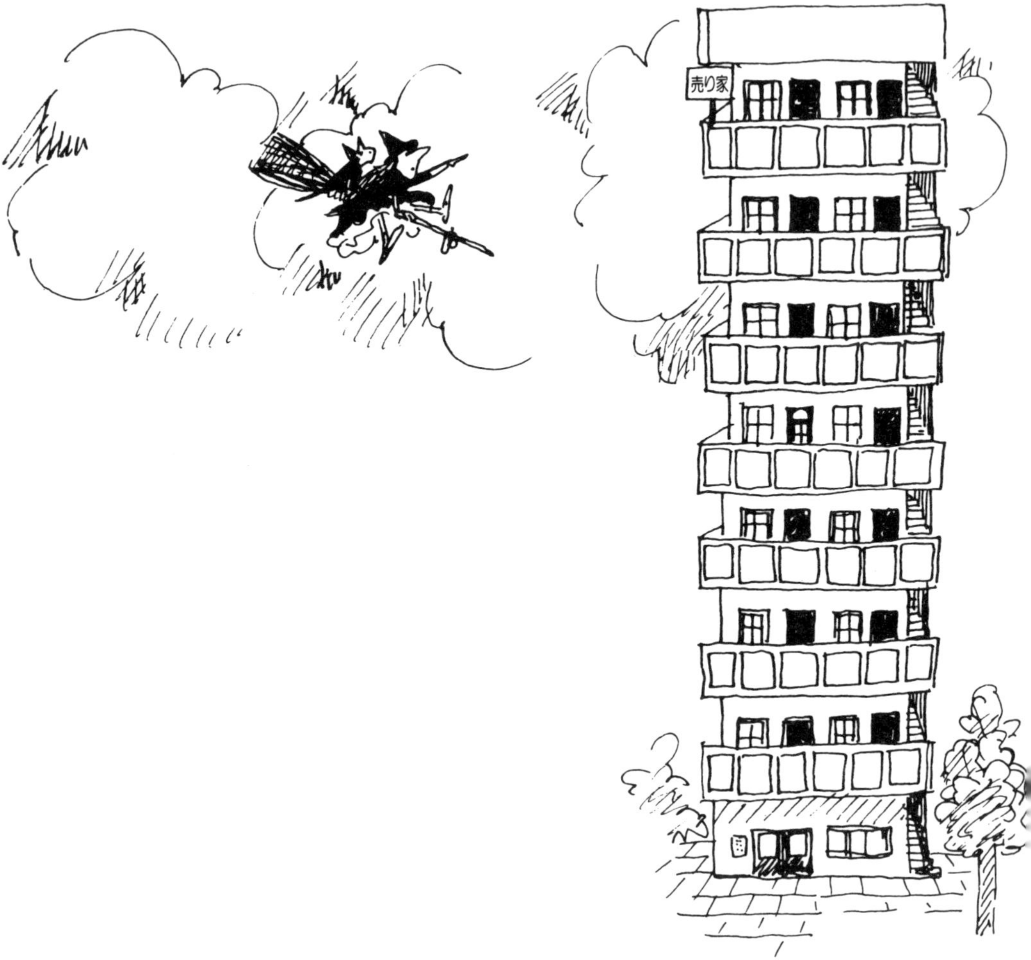

「この家、階段がないじゃない。あたしはね、階段のある家がいいの」
「こっちは、階段がありすぎ！　それに、えんとつがついてない。だめだめ、つぎの家！」
　といっても、つぎも、どうせ気に入りません。

「これじゃ、大きすぎる！」
「じゃあ、これなら？」
　ネコがいうと、
「なあに、テントじゃない！」
　アギーは、キンキン声でさけびます。
「魔女に、テントに住めっていうの？」
　101軒（けん）めの家を見たあと、ネコがききました。
「ねえ、けっきょく、どんな家がいいの？」
「こういう家とは、いえないのよね。でも、見ればピンとくるのは、たしかなんだけど！」

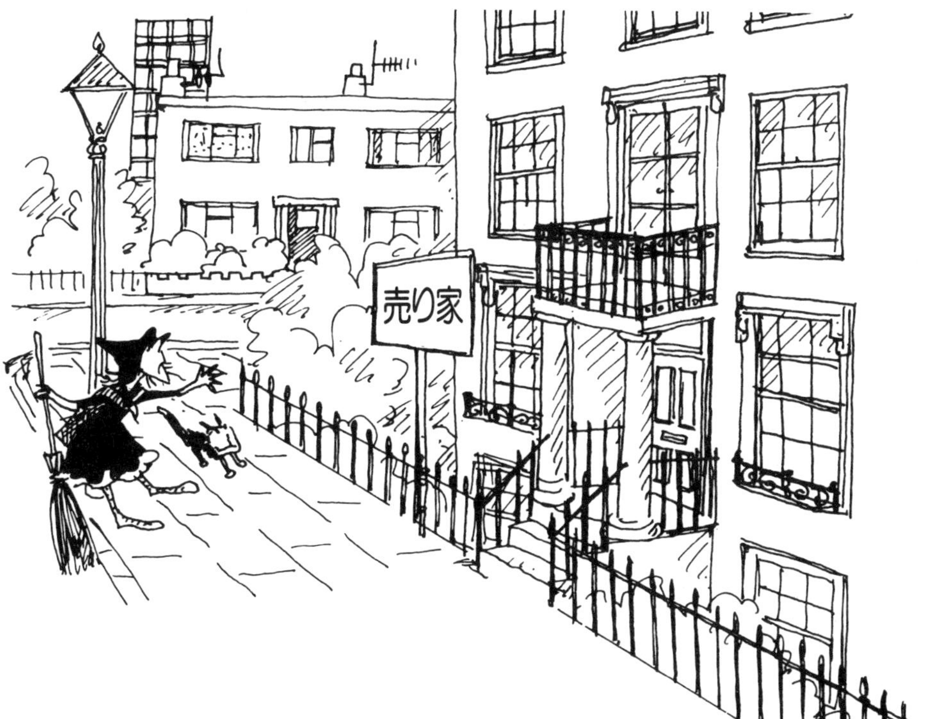

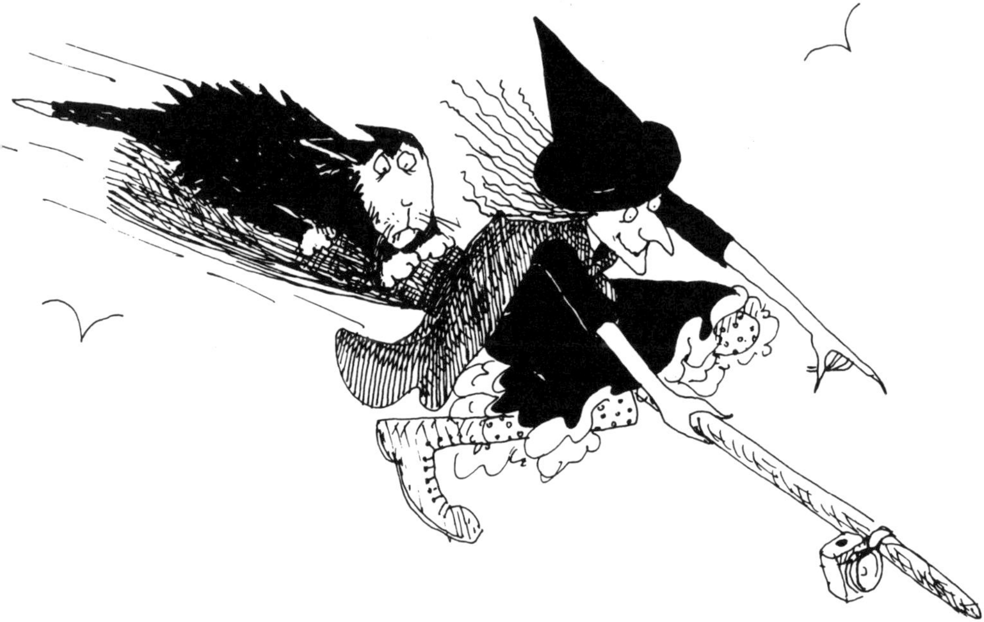

「今までみたいに、風まかせで、あちこち旅してくらせばいいのに。なぜ、住むところを決めなきゃならないんだか、わからないよ」
「なぜって、あたしが、そうしたいから」
　ネコは、じろっと、アギーをにらみました。
「ぼくの気持ちは、どうでもいいわけ？　ぼくのことなんか、ちっとも気にかけてないんだから！」
「ぶうぶう、ぶうぶう、文句ばっかり！」
　アギーが、鼻でわらいました。
　ひげを、ぴくつかせながら、ネコはアギーの背中に向かって、しかめつらをしてみせます。

「ああしたいから、こうしたいからって、そればっかりだ！　ぼくの気持ちは、いつだって無視(むし)。つきあってられないよ！」
　ひとりで、ぶつぶついっていると、とつぜん、ほうきが、がくんとゆれました。
「ちょっと、ネコ。あそこ見て！」
　見おろすと、野原のまん中に、どこかからぽんと飛び出したみたいに、こぢんまりした、新しい町が広がっていました。あたりは、見わたすかぎりの森と原っぱです。

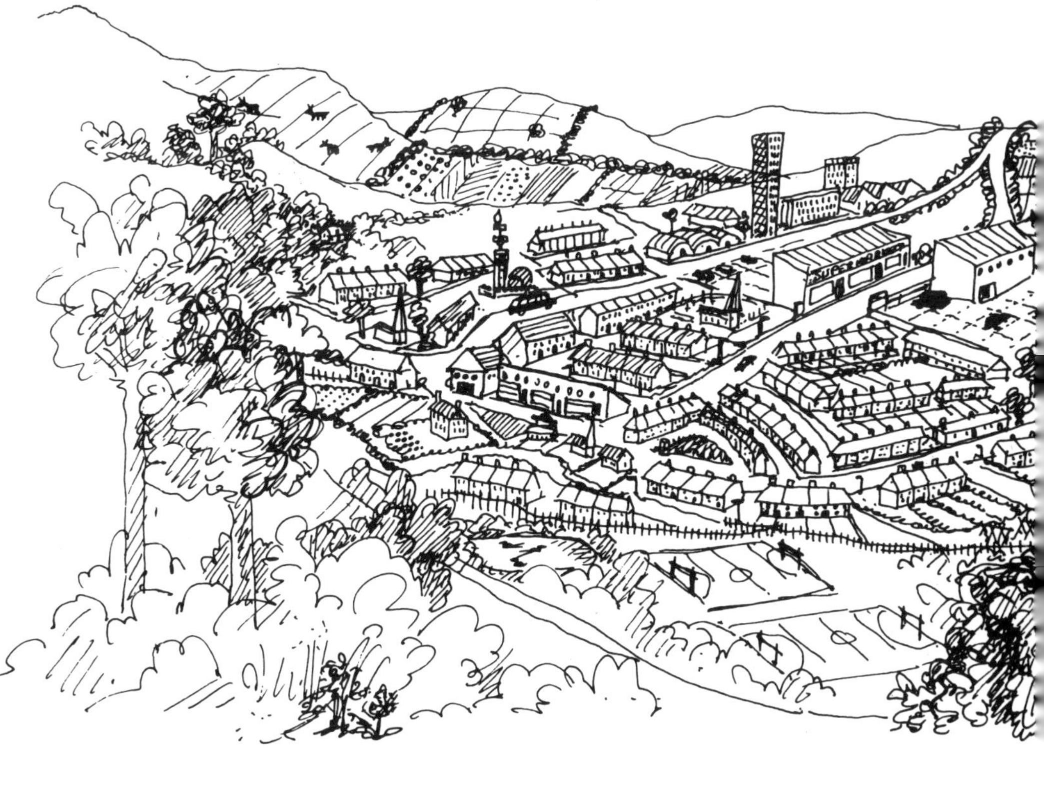

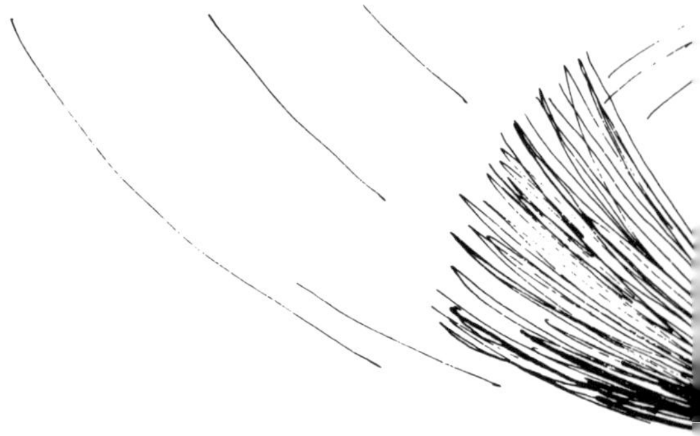

「ここよ！　ここが、あたしの住むところだわ！」
　アギーが、興奮（こうふん）してさけびました。
「そのセリフ、もう100万回もきいたよ。どうせ、あとで気が変わるんだ」
「今度はちがうわよ。ピーンときたの。さあ、ごちゃごちゃいってないで、しっかりつかまって。おりるわよ！」
　あわてたせいで、ほうきは、たちまち急降下（きゅうこうか）！
　ピュウーン！
　ネコの目の前に、地面がせまってきます。
「アギー、スピード落として！」

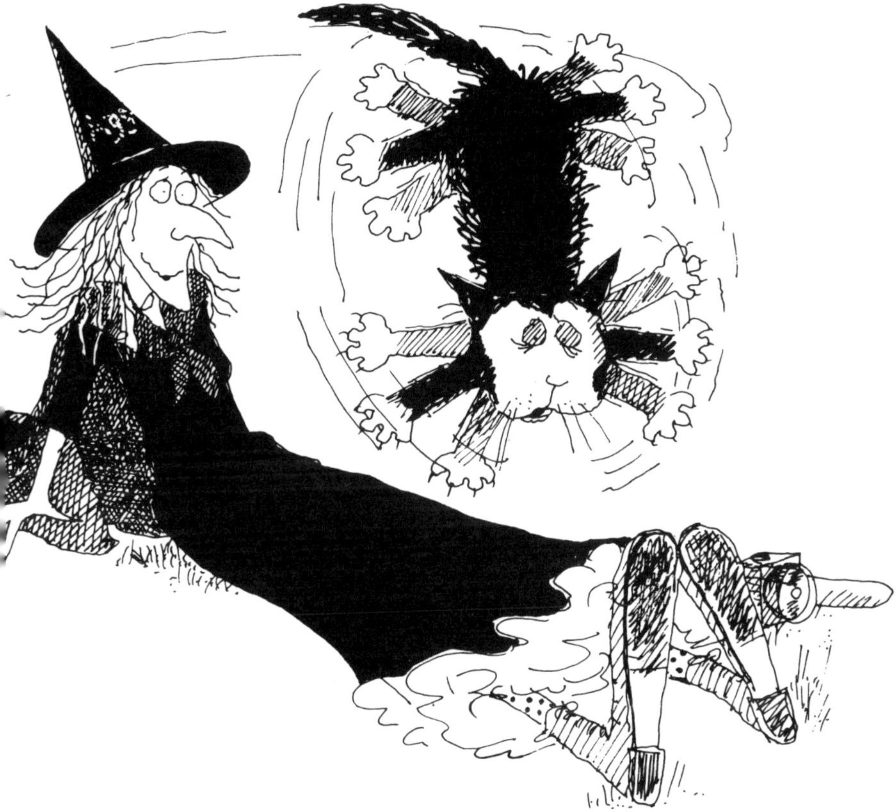

もう、おそい。
ドシン！
ほうきは、まっさかさまに、地面に激突（げきとつ）。
ネコは、もんどりうって、バタン、ムギュッ！
「うーん、着地失敗かな？」
アギーがいいました。

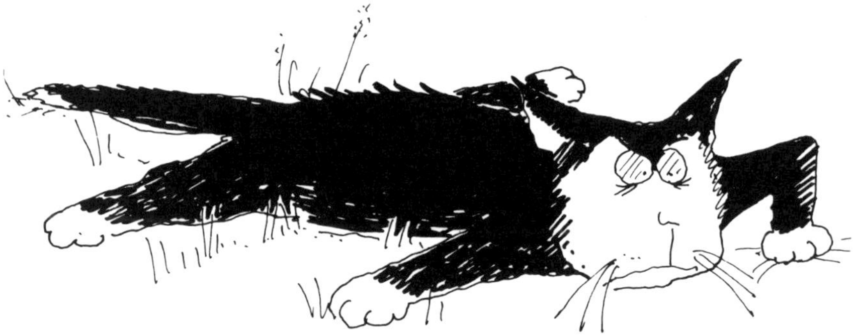

ネコは、ゆっくり起きあがると、かんしゃくを爆発させました。

「ぼくはね、ひとつしか命がないんだよ！　九つも命がなきゃ、おちおちのってもいられないや！

着地のたびに、地面に激突。よくそれで、ほうき免許(めんきょ)がとれたもんだね、感心するよ！」

「なにさ、これしき。いちいち、ぎゃあぎゃあいわないの！」

アギーは、あたりを見まわしました。いちおう、町なかにおりたつもりだったのです。でも、なぜかそこは、泥(どろ)だらけの原っぱでした。

「ほら、さっさと起きて、ネコ。行くわよ！」

ネコは、冷ややかにアギーを見つめました。

「身づくろいが終わるまでは、一歩だって動かないからね。
　だれかさんと違って、いましがた泥のお風呂に入りました、っていうかっこうで歩きまわるのは、ごめんだよ。たとえ、ほんとに入ってたとしてもね」
「おやおや、だれかさんは、くだらないことを騒(さわ)ぎたてるのが、お上手ねえ！
　さ、もういいでしょ。スプーンは、あたしが持つから」
　アギーが、ぴしゃりと、いい返しました。

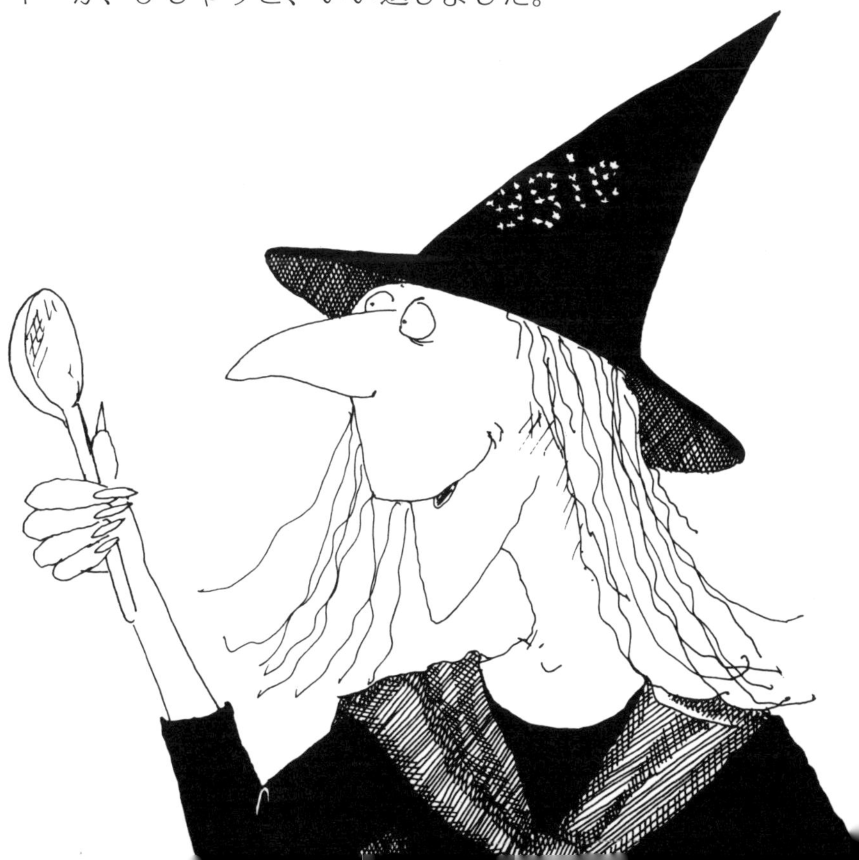

アギーは、魔法のスプーンを帽子の中に入れると、原っぱを横切り、道路に向かって、いきおいよく歩いていきました。

あとに残されたネコは、ほうきになべに、身の回りのもの、そしてお金を入れたトランクを、全部運ぶことに――。

「ほうきにのっていけば、いいじゃないか。ぼくはロバじゃないよ！」

ネコは、カンカンになっていいました。

「このあたりをじっくり、見てまわりたいの」

「そうらきた。また、あたしがこうしたいから、がはじまった！」

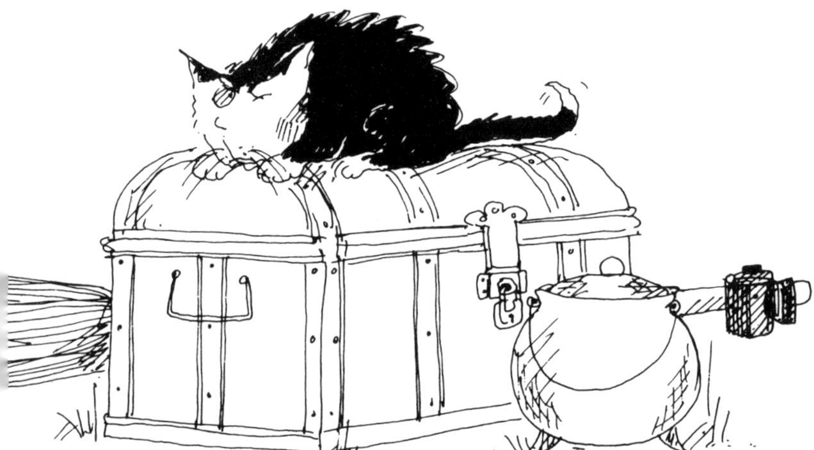

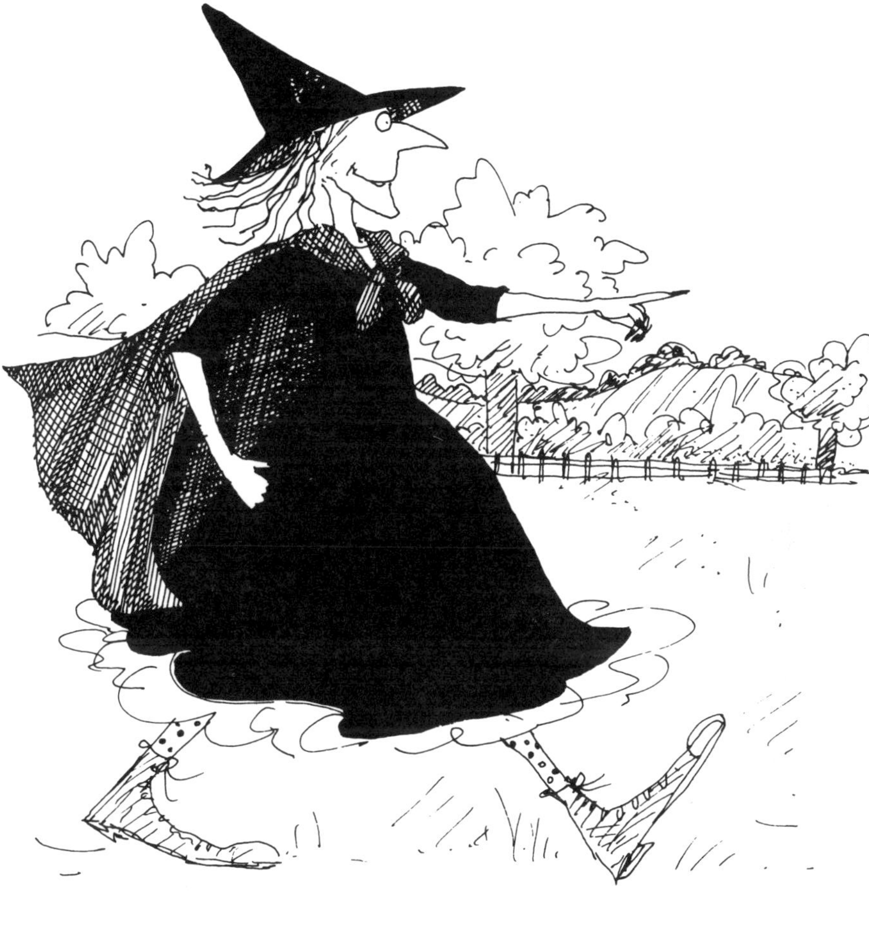

でも、アギーはきいていませんでした。
「とんでもフクロウ、はってもヘビ！　見て、見て、見てよ！」
すぐそこに、道路のほうを指して、道しるべが立っています。

「新しくできた町が、魔女よこい、だって！」
　アギーは、大喜びでさけびました。

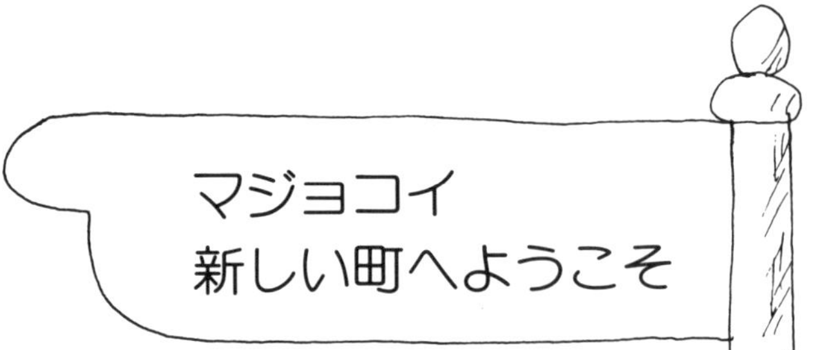

「ここまでいわれちゃ、ことによると、いっしょに住んであげてもいいわね」
「住んでくれなんて、だれもたのみにきてないよ！」
　アギーは、にやりと笑いました。
「へそ曲げないの。そりゃ、今はたのまれてないけど、そのうち向こうから、たのみにくるわよ。
　近ごろは、魔女も、めったに町にたちよらなくなったから。とくに、アギーさまのような魔女はね」

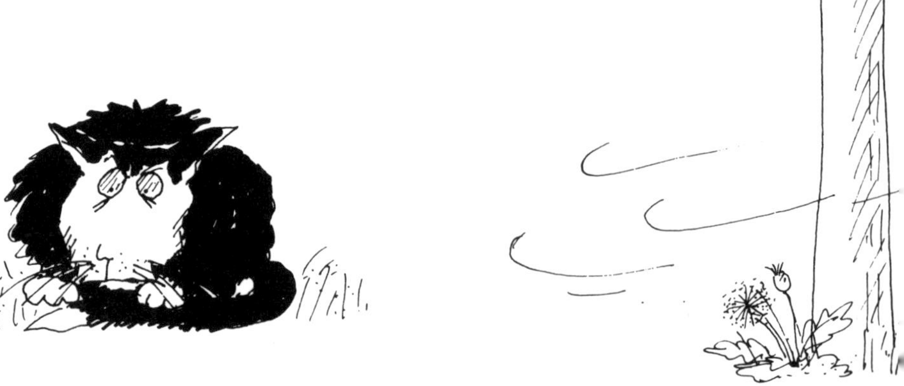

そしてアギーは、スカートをつまむと、道しるべのまわりを、ぐるぐるおどりながら、声をはりあげ、うたいだしました。

「マジョコイ町に　魔女よこい
　あの魔女　この魔女　魔女よ　こい！
　どの魔女くるかな　マジョコイ町に？
　アギーがきたよ　マジョコイ町に！
　魔女のなかの魔女が　やってきた！」

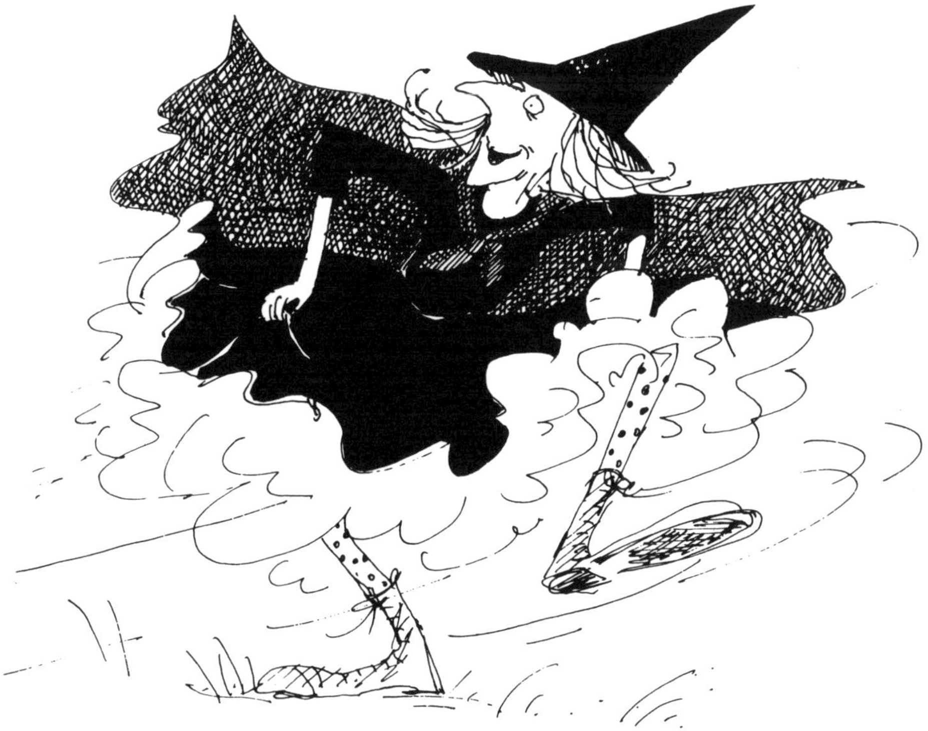

何度も何度もくり返すうち、歌はだんだんはやくなり、しまいには歌詞（かし）が、早口ことばみたいに、ビュンビュンまわりだしました。
「どう、こんなにはやく、うたえないでしょ！」
ネコは、いらいらして、どなりました。
「べつにうたいたくもないさ。なんだい、２歳の子どもみたいなまねして！ 200歳の魔女だろ。いっしょにいるとこ見られるのが、はずかしいよ」
シーッ、と指を口にあてて、
「飛んだりはねたり、おどりまわったり。人がなんていうだろ！」
「ふん。まわりには、だれもいませんよーだ！
それはそうと、このままじゃ、なんだかまぎらわしいわね」

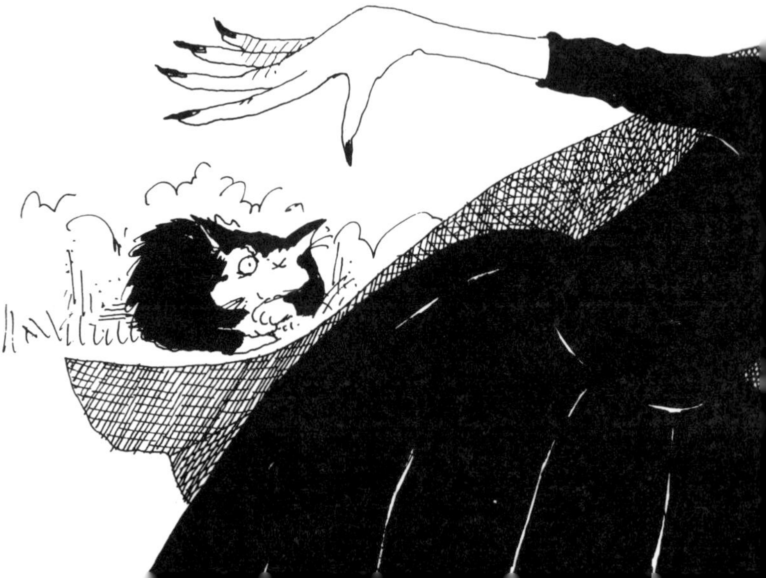

アギーが、魔法のつえをふると──、

ピョン！

「マジョコイ」の「マジョ」という字が、「魔女」に変わってしまいました。

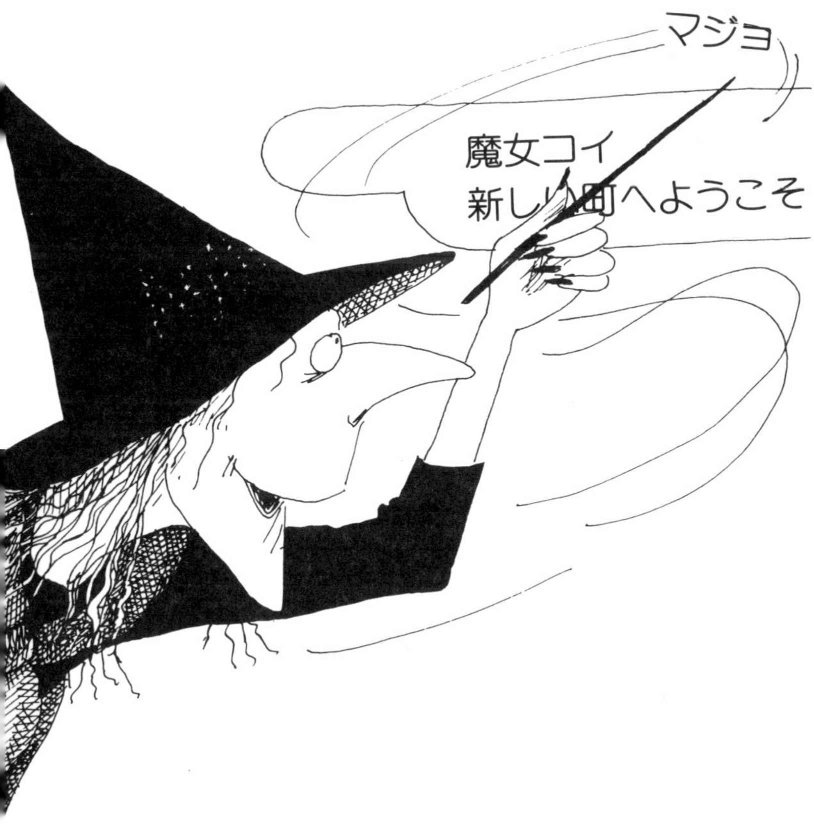

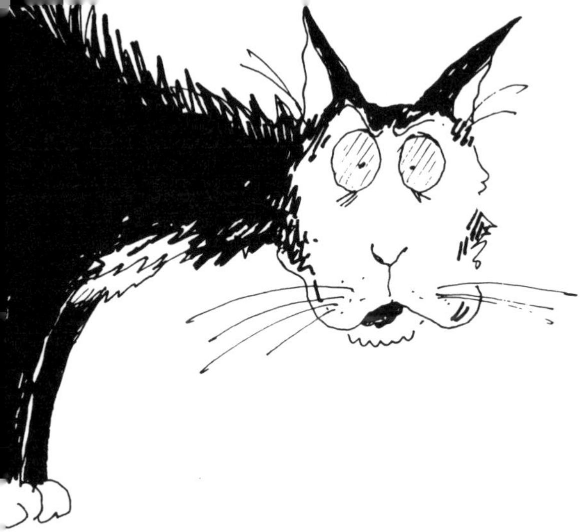

「なにしてるんだよ！」
　ネコの毛が、さっと逆立ちます。
「勝手に、道しるべを書きかえたりして。自分のものでもないのに！」
　アギーは、ギロリと、ネコをにらみました。
「不平たらたらか、さもなきゃ、口うるさくお小言なんだから。さてと、マジョコイに行きましょ。さっさとほうきにのって」
「だって、歩くっていったばかりじゃないか！」
「魔女は、気が変わりやすいの。お待たせ、マジョコイ！　アギーが行くわよ！」

（2）

マジョコイは、できたばかりの新しい町で、それが町の人たちの自慢（じまん）でした。

どの家も庭つきなので、子どもの遊び場になります。町なかには、おしゃれなお店も、たくさんあります。

町はずれには、広びろとした公園があって、まん中にある湖には、色とりどりのカモやアヒルが、泳いでいます。

「くだらんやつらは、お呼びじゃないよ！」

アヒルの親分はいいます。町の人に負けずおとらず、この町をほこりにしているのです。

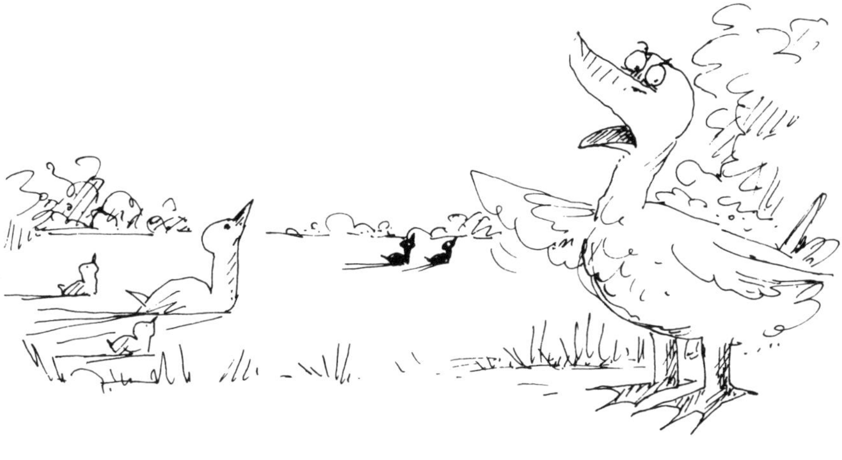

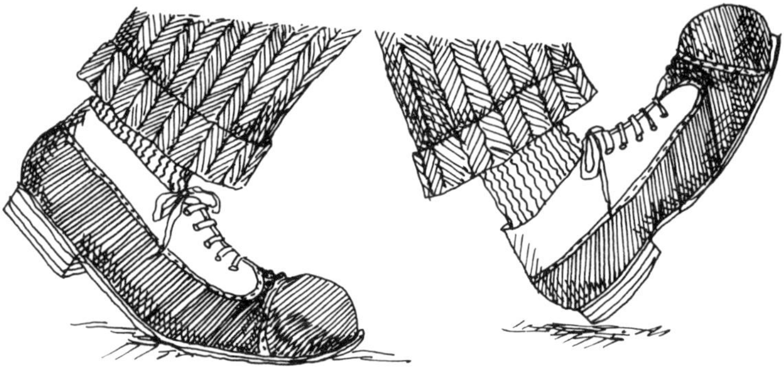

町の人は、あんまりマジョコイが自慢なものですから、こんな文句のついたバッジや、帽子、Tシャツやスカーフを、身につけていました——。

マジョコイは最高
マジョコイは世界一

市長のボリス・バンパスさんは、庭のチューリップで、

マジョコイ　バンザイ

という文字をつくっています。

毎年、春になると「マジョコイ　バンザイ」が浮かびあがり、それはみごとな、ながめになるのです。

ところで、マジョコイ町の人びとは、みんな、うわさ話が好きでした。

だれが、なにを、どこで、どうしてやったのか、知らずにはいられません。どんなささいなことにも、ゆだんなく目を光らせていました。

スーパー・サニベールの店長、マクノップさんが、キュウキュウなる靴をはいていても、みんなはうわさします。

医者のグリンブル先生が、新しい車を買っても、うわさするのです。

ですから、とんがり帽子に、長い黒マントをなびかせ、ほうきにのったよそ者がきた日には——しかも、後ろには、赤い目のねこがのっているとくれば——おわかりでしょう。

みんな、口はあんぐり、目を見ひらいて、

「うわあ！」

「きゃあ！」

と、さけぶばかり。

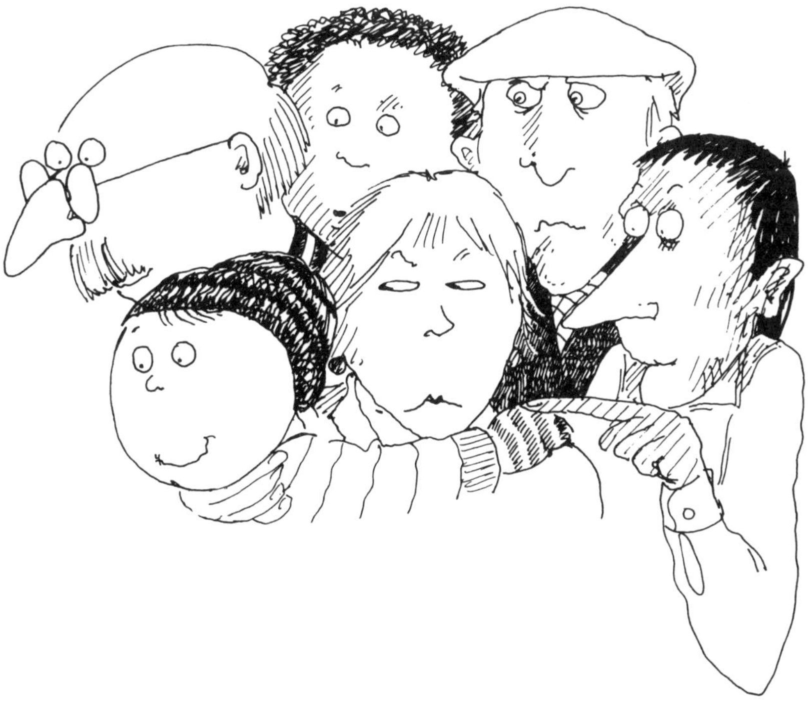

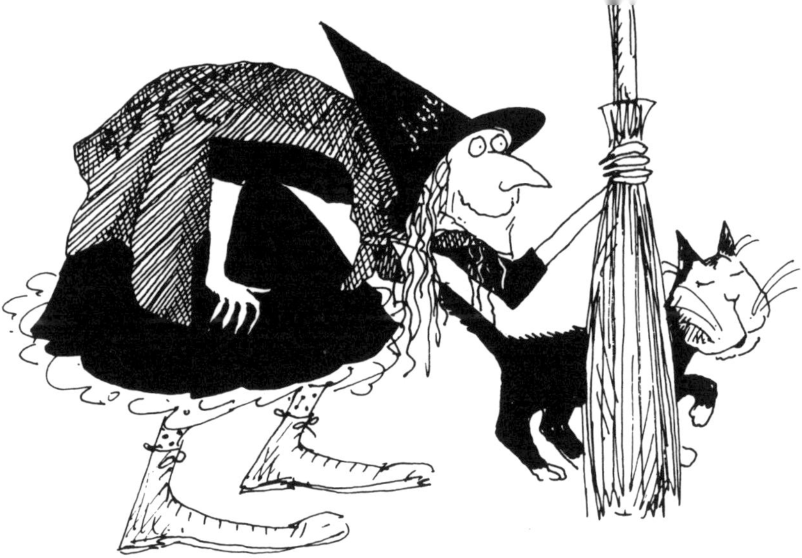

「魔女だ！　魔女だよ！　魔女がきた！」

アリ・シャー少年が、あえいでいます。

アギーは、地面から起きあがると、にっこり、三日月のような、大きなほほえみを浮かべました。

「魔女のアギーよ。こっちはネコ」

「ねこなのは、見りゃあわかる」

バンパス市長がフン、と鼻をならしました。

「ただのねこじゃないわ」

アギーが、いい返します。

「ネコっていう名前よ！　あたしのネコ！」

「でも扱いは、ねこのヒゲなみ」

ネコが、ものうげにいいました。

「あんたは、黙(だま)ってて」

　アギーは、マジョコイ町の人びとに、向きなおりました。
「それでと、家を見せてもらいたいんだけど、どこ？　ボロ家でいいだろう、なんて思わないで。よくないから」
「家に関しちゃ、好みがうるさいからね」
　ネコがいいそえます。
　マジョコイの人びとは、びっくり仰天して、大声をあげました。
「ここに住む？　冗談じゃない！」
「お前さんなど、われわれの輪に入れんよ！」
　マクノップさんが、さけびました。

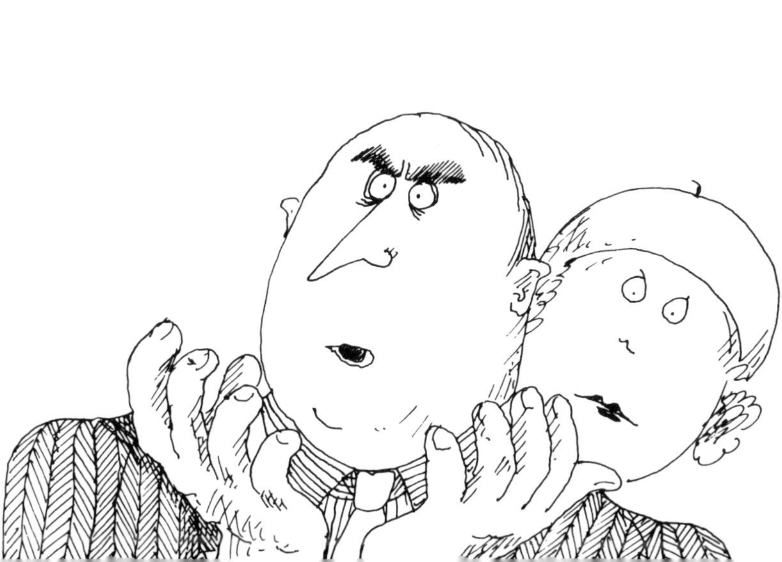

「あんたみたいな、おでぶさんが輪に入れるなら、やせっぽちの魔女一人くらい、入れるんじゃない？」
「そういう問題じゃありません」
　マクノップさんの奥さんの、グロリアがいいます。
「ようするに、みんな、あなたみたいな人を、マジョコイにむかえたくないっていうことよ」

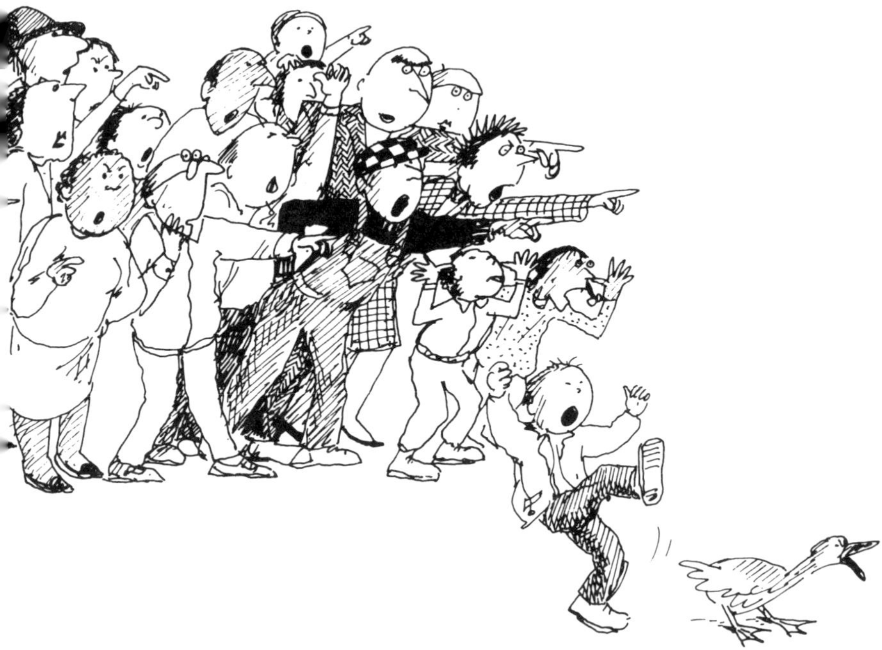

　この言葉に、マジョコイの人びとは、声をそろえてわめきだしました。
「出ていけ、魔女！　お前なんかくるな！」

アギーの顔から、ほほえみが消えました。
親しみをこめたまなざしが、冷たく変わります。
そして、あのかぎ鼻が、赤くそまりはじめました。
「魔女にきてほしくないなら、なぜ『マジョコイ』なんてつけるのよ？　かんちがいしたって、仕方ないような名前じゃない！」
「いいぞ、アギー！　もっといってやれ！」
ネコがさけびました。
「さあ、あんたたち、とっとと消えて。地獄（じごく）のウジ虫に変えられたいの？」

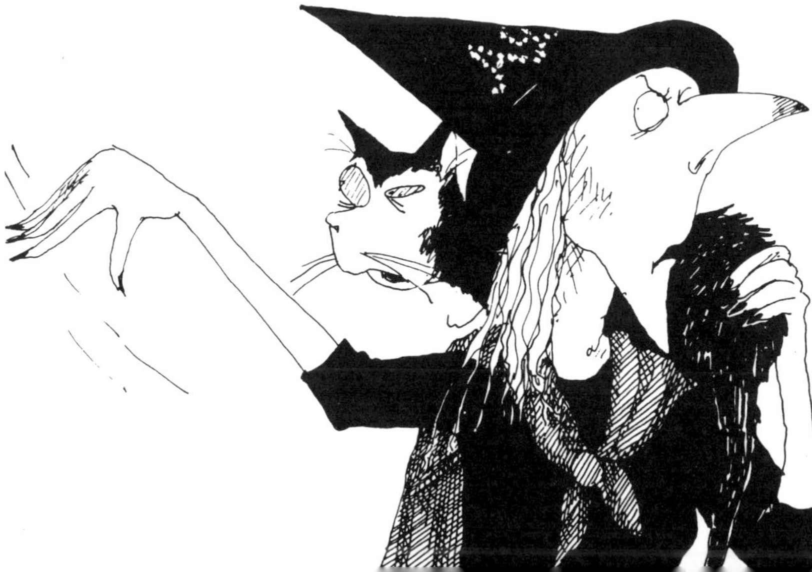

アギーの鼻は、溶鉱炉みたいに、かっかと燃えています。
ネコの赤い目は、石炭みたいに、ちろちろ燃えています。
マジョコイ町の人びとは、ひと目見るなり、くるりと向きを変え、にげさってしまいました。
ネコは、怒りでわなわな、ふるえています。
そりゃあ、ネコだって、アギーにうんざりすることはあります。それでも、ネコは魔女ねこです。アギーを悪くいうやつらに、「災いあれ！」です。

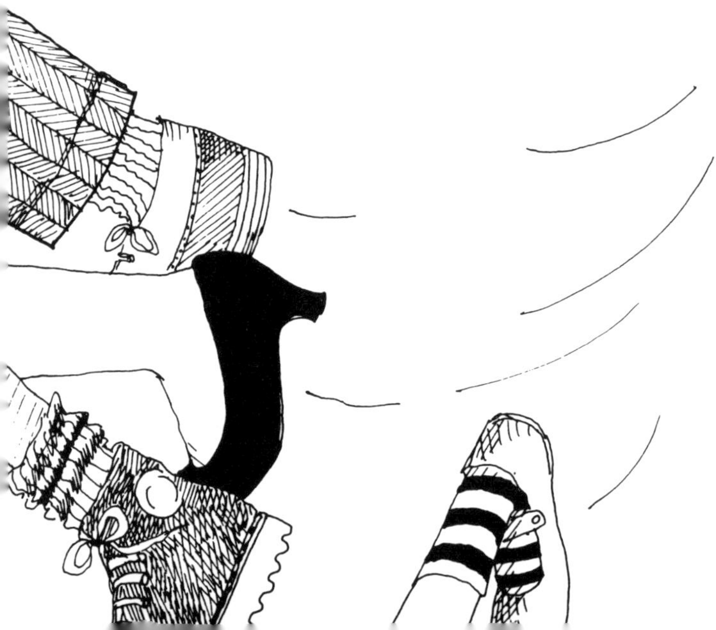

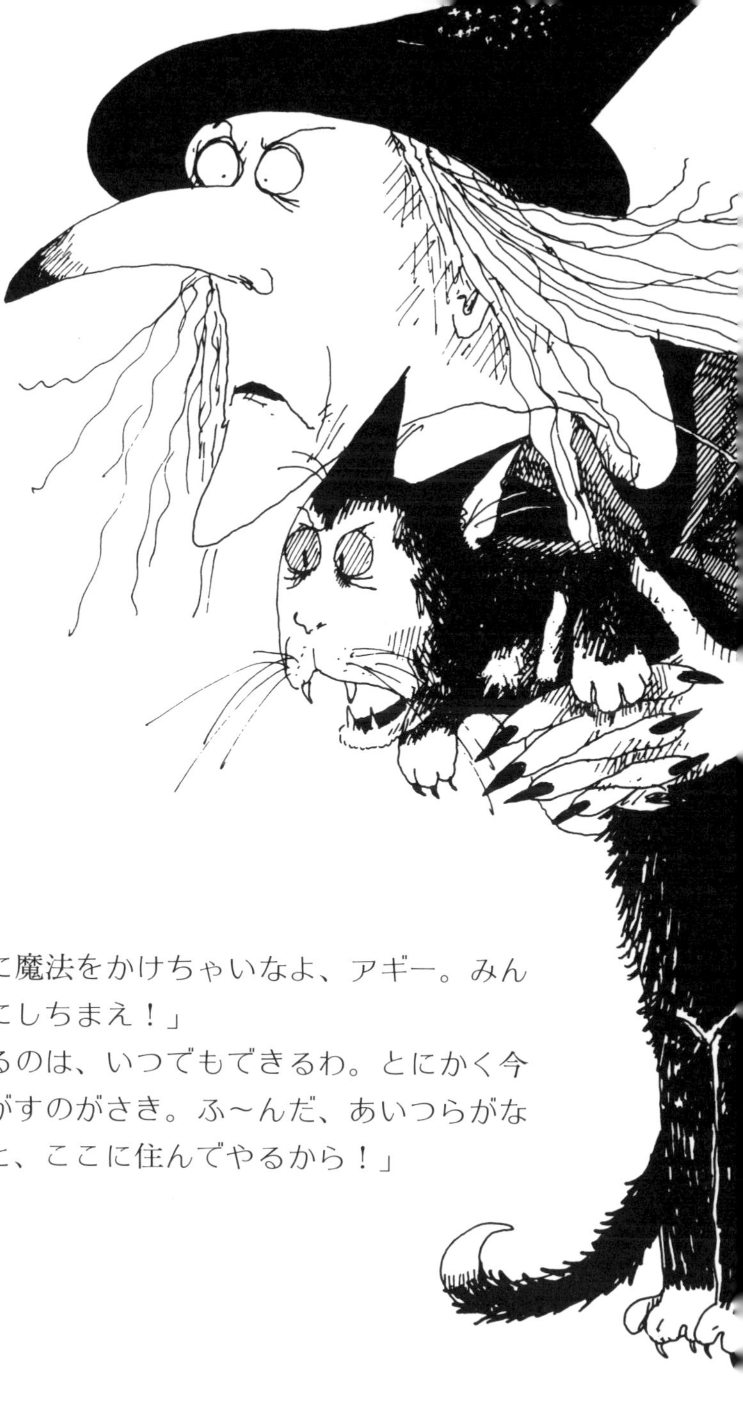

「あいつらに魔法をかけちゃいなよ、アギー。みんな、ねずみにしちまえ！」
「こらしめるのは、いつでもできるわ。とにかく今は、家をさがすのがさき。ふ〜んだ、あいつらがなんていおうと、ここに住んでやるから！」

　アギーとネコは、歩いてマジョコイの町じゅうをまわり、ドアをノックしては、たずねました。
「もしもし、だれか住んでる？」
　返ってくる答えは、決まって同じ。
「住んでるわよ！　出ていって！　魔女なんか、こないでちょうだい！」
　しまいに、アギーは疲れきって、道ばたにすわりこんでしまいました。
「だめだわ、ネコ。この町に、あたしたちの住める家なんてない」
「あきらめちゃだめだよ。マジョコイに住みたいって、決めたんだろ。だったら住めるさ」
「だけど、どの家も、住んでる人がいるのよ」
「あれも？」
　ネコは、道が森の中へと、消えていくあたりを、指さしました。
　木ぎのこずえの上に、のぞいているのは、屋根のてっぺんのような……。
「家だわ！　早く、行ってみよう！」
　アギーは、スカートをたくしあげ、急いで道をかけだしました。
　野生の白バラの、しげみにかくれるように、小さな木の門がありました。アギーは門を開け、荒れはてた小道をたどって、なおもかけていきます。

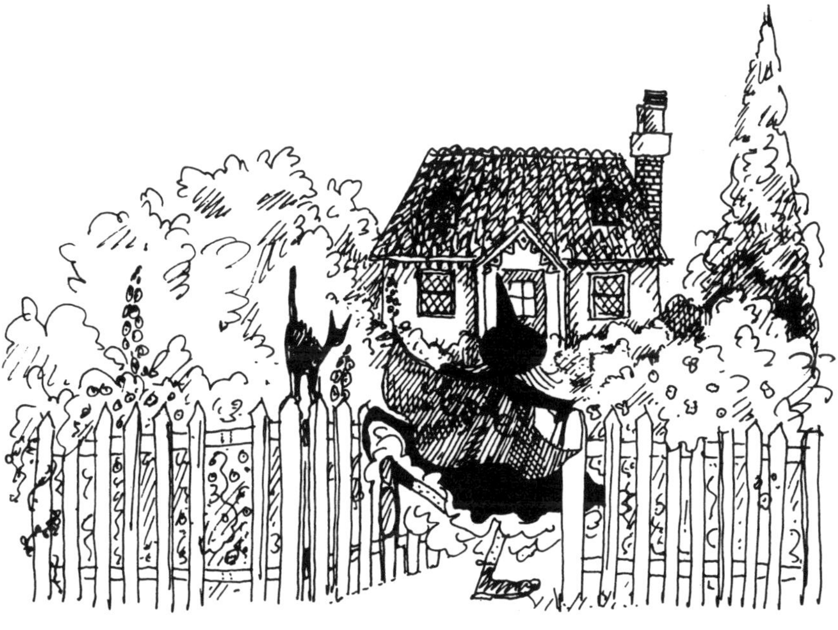

それは、こぢんまりした一軒（いっけん）の家でした。町なかのほかの家と違って、新しくはありません。
「あたしより、年をとってるかも！」
アギーは、扉（とびら）をノックしました。
「もしもし、だれか住んでる？」
こたえはなし。
そのとき、ふいに、風が吹いてきました。

ヒュー！

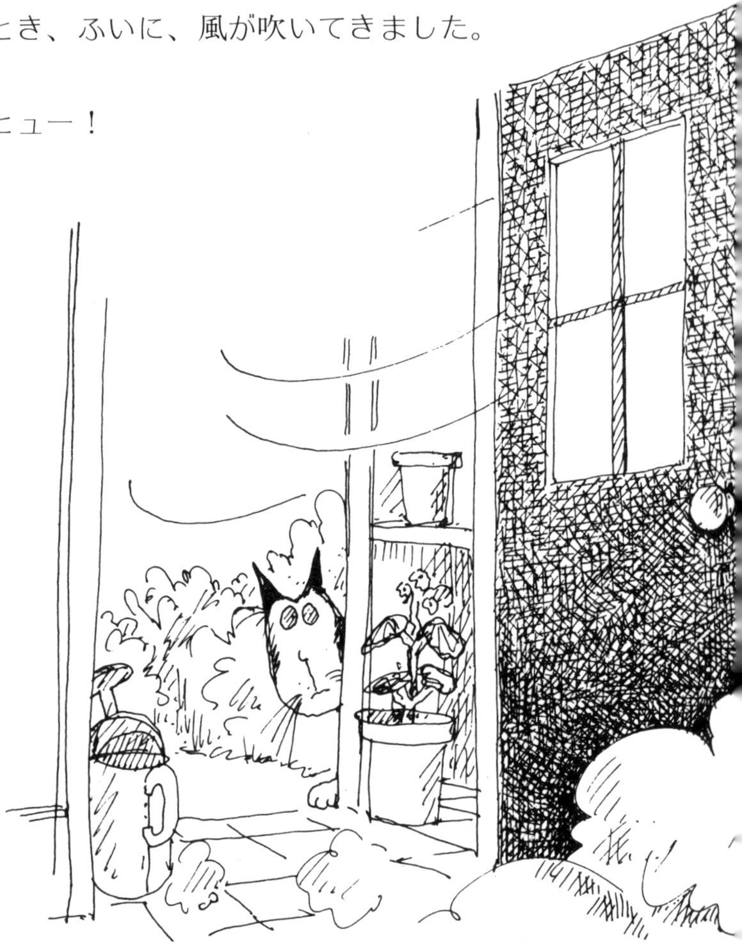

扉が、ギィィィ……と、大きくきしんで開きます。

ネコとアギーは、中をのぞきこみました。

部屋の中は、からっぽでした。床には一面ほこりがつもり、天井にはくもの巣がかかっています。それでも、アギーは大喜びで、部屋じゅう飛びまわりました。

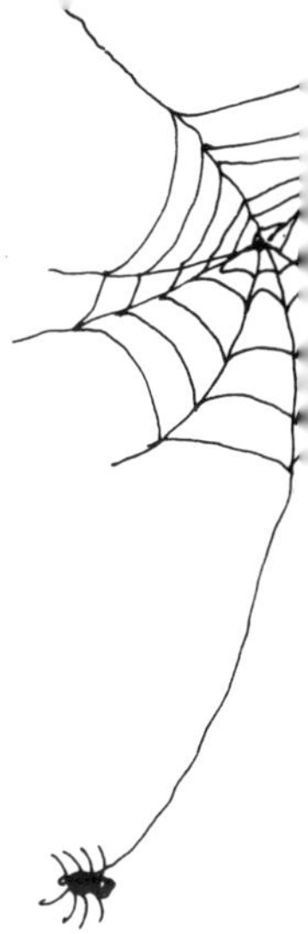

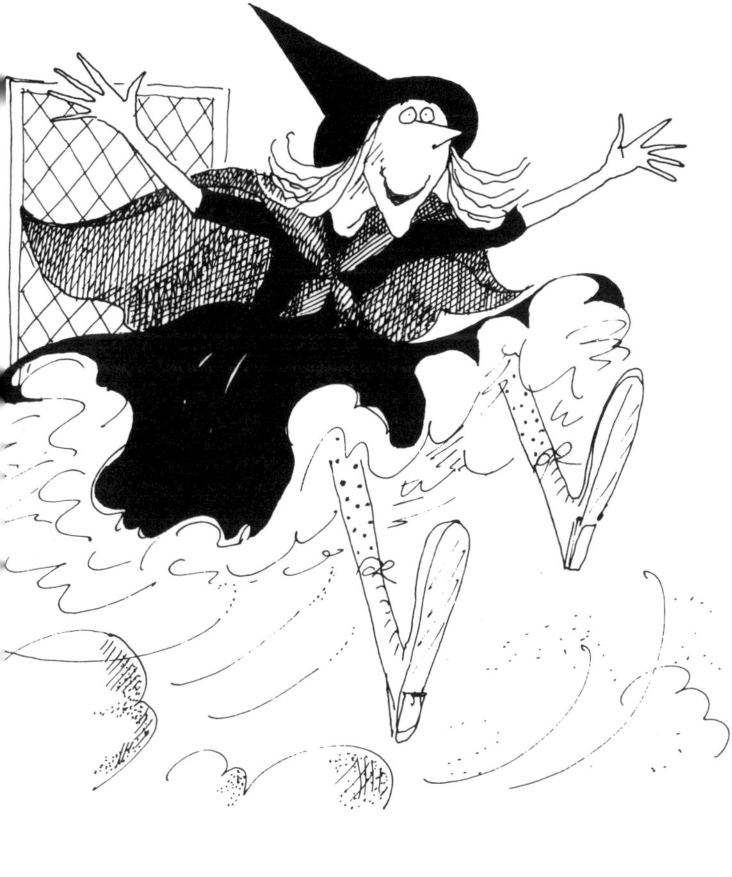

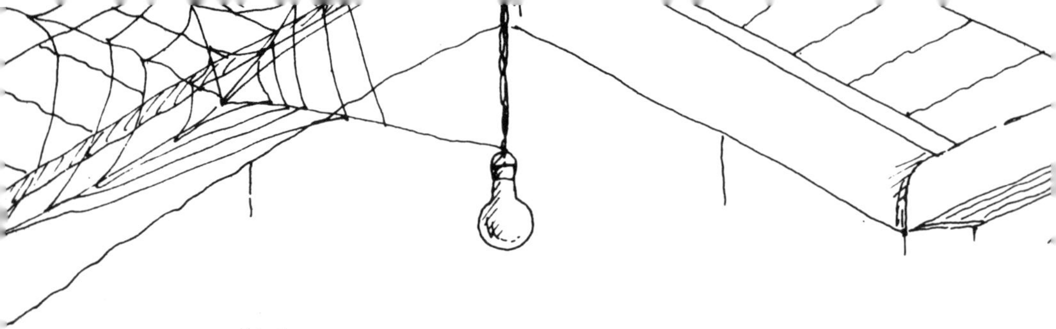

「暖炉があるわ！　魔法のスープをにこむのに、ちょうどいい。あら、屋根に穴まであいてる！　家の中に、飛行場があるみたい。ひとっ飛びで、空まで飛んでいけるってわけね！」

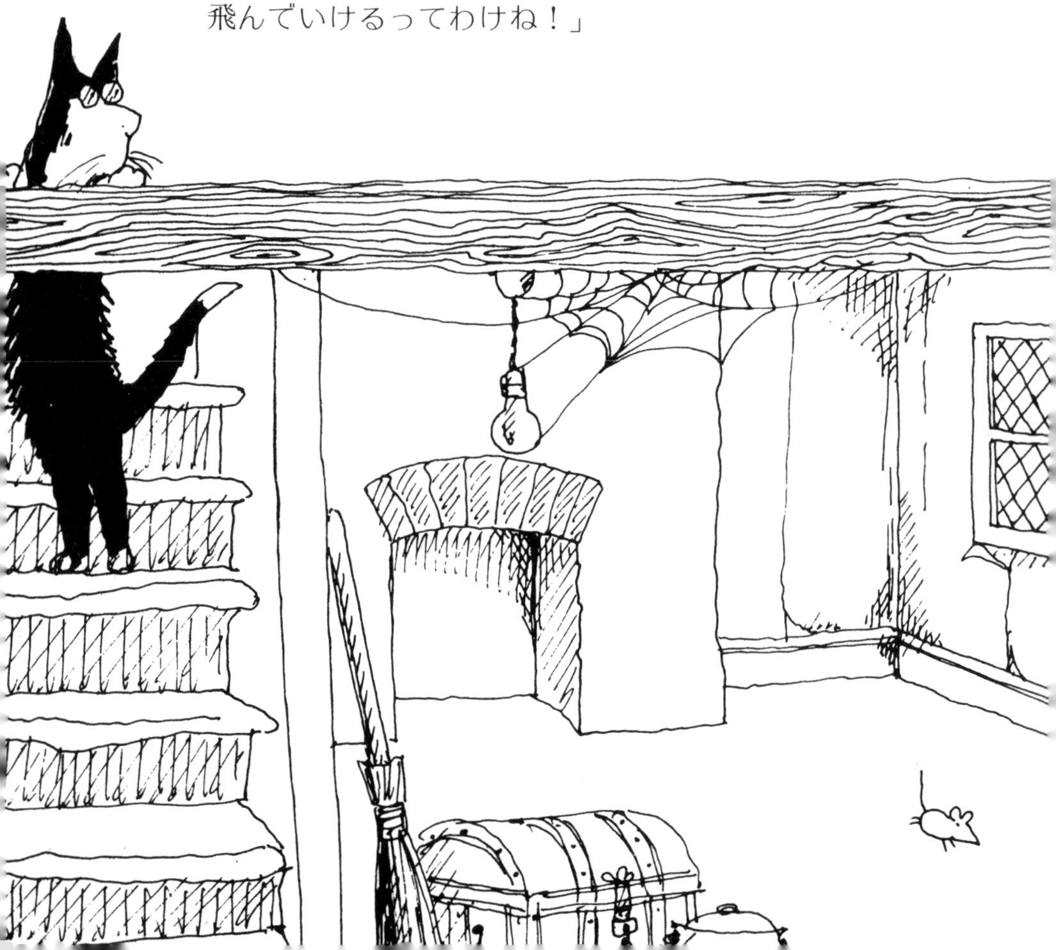

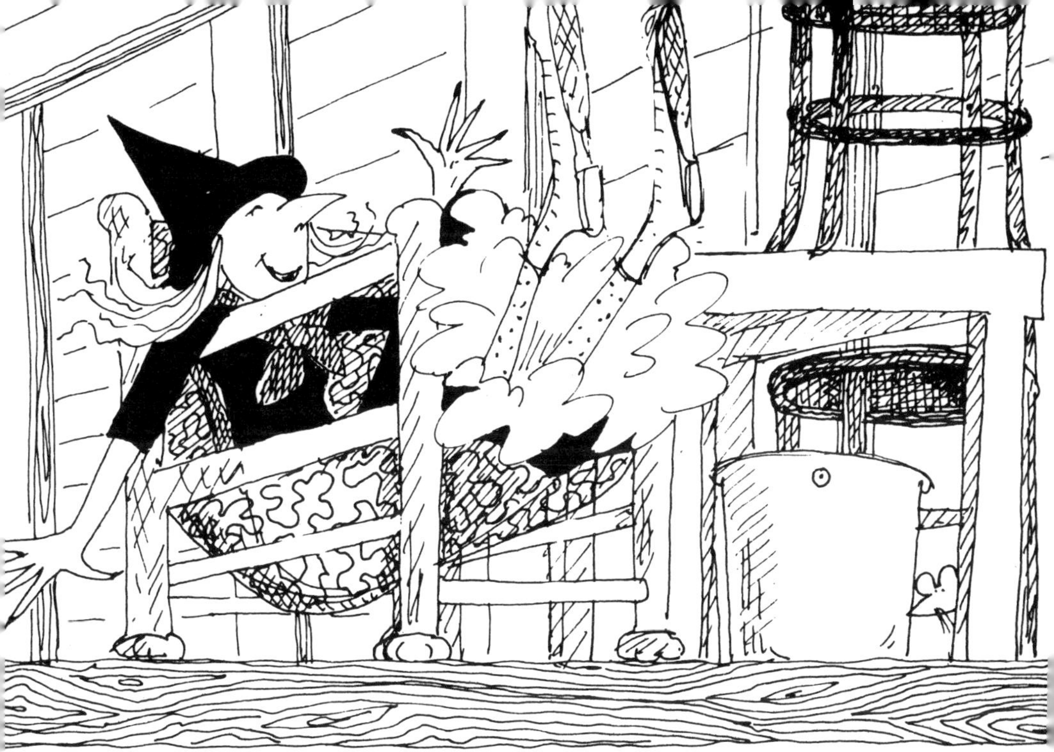

「おめでとう。でもいったい、雨がふったらどうするのさ？」
「バケツで水をうけるのよ、当たり前でしょ。さあ、ほかには、なにがあるかな……」
　屋根裏には、家具がいくつか、おいてありました。
　足が３本のベッド。
　座るところが、たるんでぶかぶかになった、大きなイス。

　背もたれのない腰かけ、二つ。
　持ち手のとれたバケツ。
　テーブルと、バラの形をしたインクつぼ。
　アギーは、すっかり夢中になってしまいました。
「どれもこれも、魔女におあつらえむき！　ここが、あたしの家だわ。気に入ったっていってよ、ネコ。まあ、あんたがどういおうと、もう決めたけど」
　ネコは、鼻をひくひくいわせました。
「この家、感じのいいにおいがする。でも住む前に、大掃除は必要だな」
「またもう、うるさいことばっかり！」
　ネコは、断固としたきびしいまなざしで、アギーを見つめました。
「あのね、ぼくは、家なんかに住みたくないんだよ。アギーが望んでることだから、がまんしてるんじゃないか。せめて、掃除くらいしようよ」
「まあ、やらなきゃいけないんなら、やるわよ」
　アギーは、ため息をつきました。
「掃除の呪文、調べなきゃ」
　すかさず、ネコがさえぎります。
「だーめ、それはなし！　正しくいえるまで10回も呪文をくり返して、そのうち夜になっちゃうのがおちなんだから。

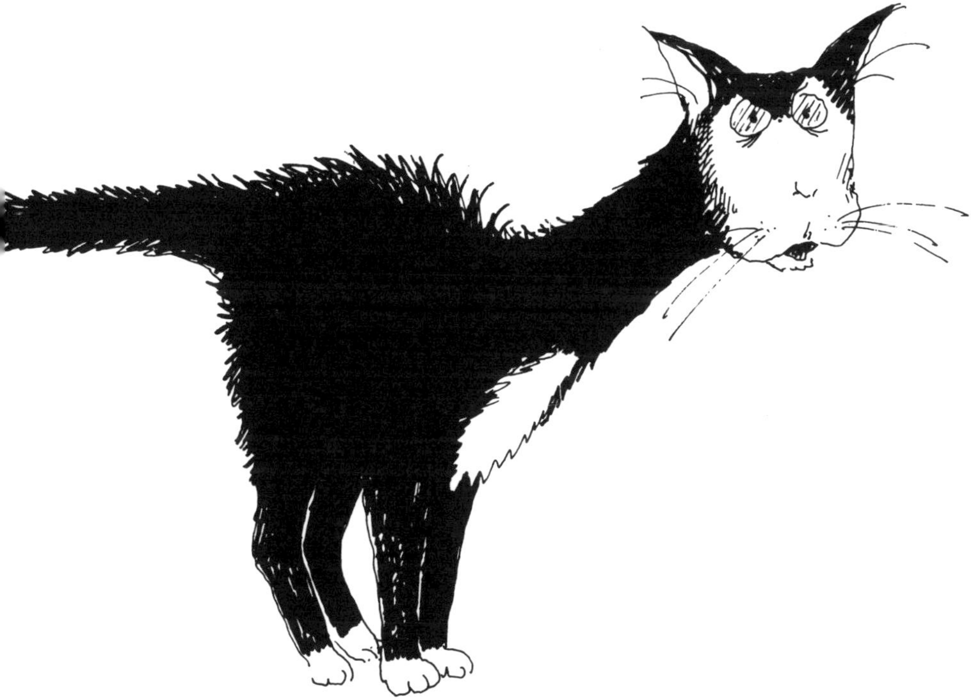

アギーは、砂やほこりや、ごみに囲まれても寝られるかもしれないけど、ぼくはいやだよ。口うるさいっていいたいなら、ご勝手に。でも、ぼくは——」

「わかった、わかった。やればいいんでしょ」

「よーし、じゃあ、さっそくはじめよう」

そこで、二人は掃除にとりかかりました。

ぞうきんを持って、ぶらぶらするアギーをしり目に、ネコは、みがいたりこすったり、小さな家がピカピカになるまで、働きました。

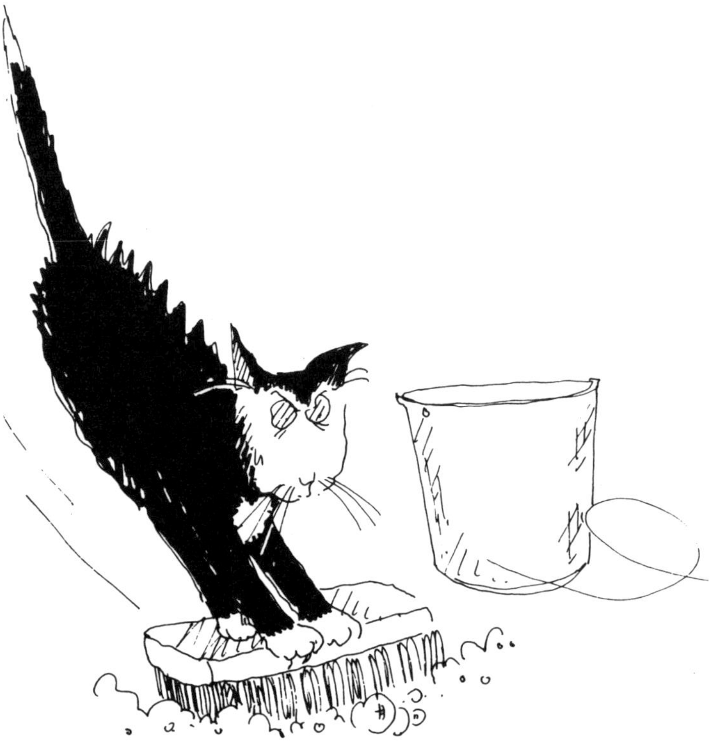

アギーは、うちょうてんになって、おどりまわります。

「すてきじゃないの、ねえ、ネコ！　こんなかわいらしい家が見つかっちゃった。なんてツイてる魔女なんだろ、あたしって！」

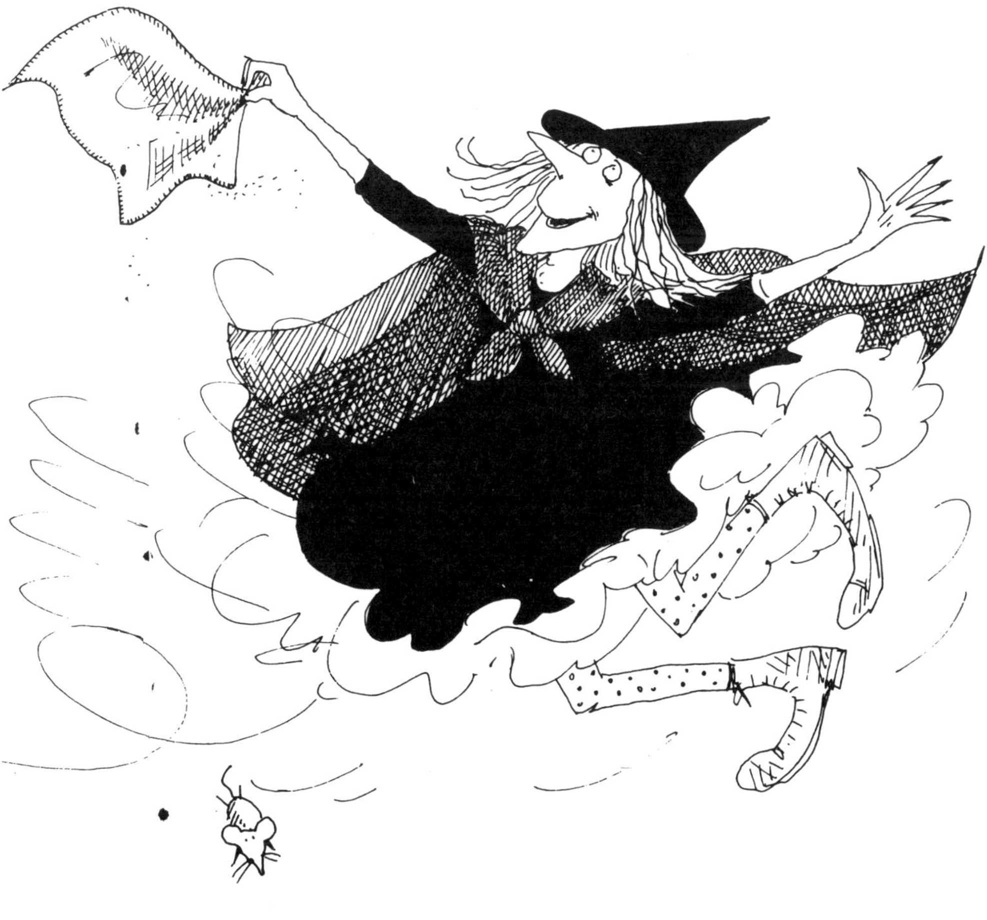

ところが、ちょうど、そのとき、

ドン！　ドン！　ドン！

と、乱暴（らんぼう）に扉をたたく音がしました。

マクノップさんです。

「ここは、わたしの家だ。出ていってもらおう！」

マクノップさんが、どなりました。

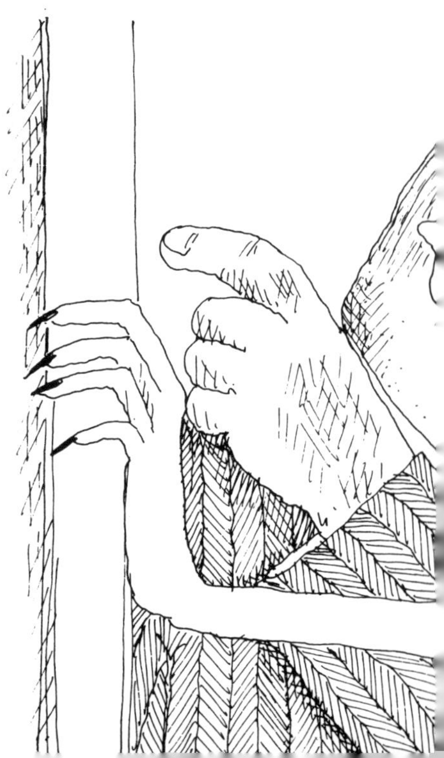

「だって、住んでないじゃない」
　アギーが大声をあげます。
「住んでる家は、別だ」
　マクノップさんも、負けじと声をはりあげます。
「同時に、二つの家に住むなんて、無理よ！　お金は払うわ。この家に、みあうだけの金額はね」

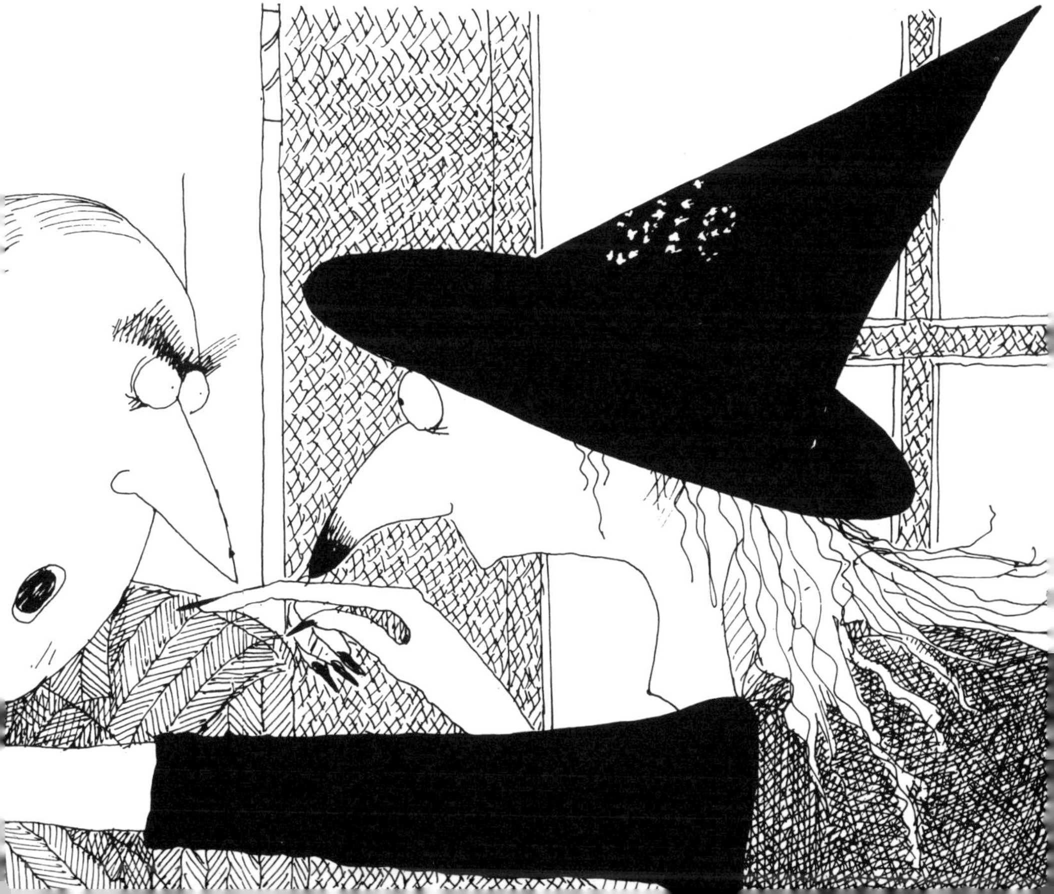

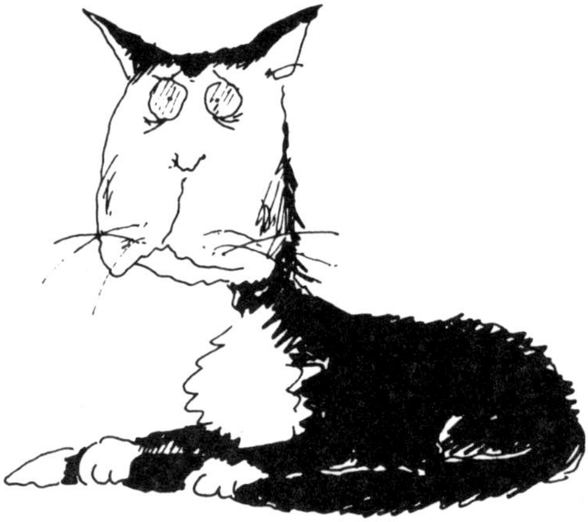

「あんたにだけは、売らん！」
「まあ、考えといて！」
　アギーがわめきます。
「考える必要なんかない！」
　マクノップさんがほえます。
「もういいってば。明日の朝、代金を払うわよ」
　マクノップさんが一言も返せないうちに、アギーは、さっさと家に入ってしまいました。
「ただじゃすまなそうな感じ」
　ネコがいうと、
「大丈夫。めんどうを起こすような相手には、仕返ししてやるわ。心配しなさんな！」
　魔女のアギーがいいました。

（3）

　翌朝は、よく晴れた、いいお天気になりました。
日の光が、ベッドのかたわらの壁でおどっています。
「おはよう、お日さま！」
　アギーは、ベッドから飛び起きました。
「今朝は、ずいぶんごきげんだね」
　ネコは、あくびまじりに、のびをしました。

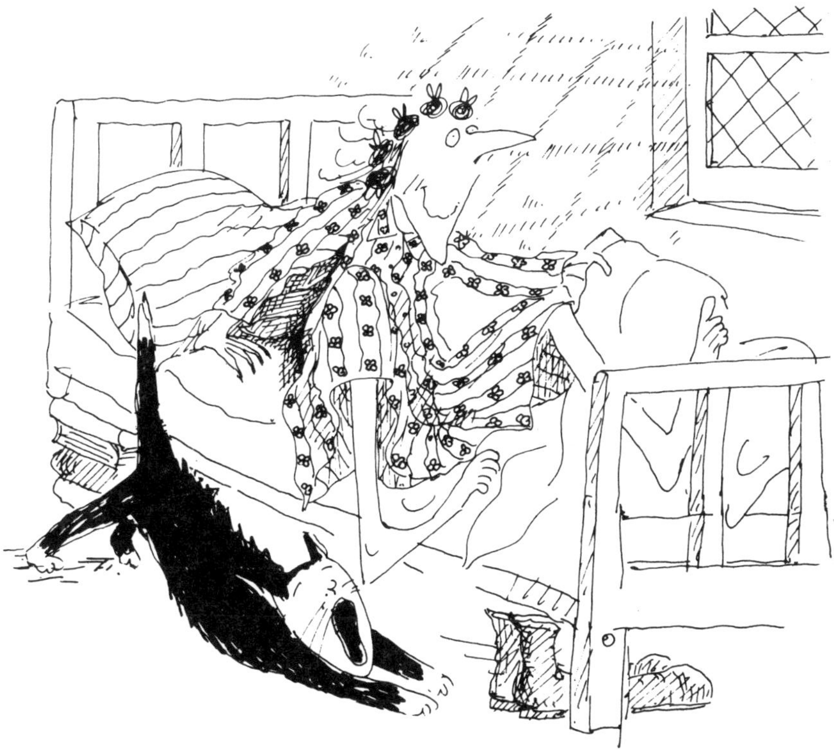

「家が見つかったのよ！　すてきな夢の家が！」
　アギーが、うきうきとさけびます。
「でも、名前がなくちゃ、わが家とはいえないわね。なんて呼ぼうか？」
　アギーとネコが考えていると、急に、耳が焼けつくように熱くなってきました。
　ネコとアギーは、はっと、目を見合わせました。
「だれかが、ぼくたちのうわさをしてる！」
「きくのよ」
　アギーがいいます。
「きいてるさ」
　そのころ、ショッピング・センターでは、町の人びとが、アギーとネコのことを、話し合っていました。

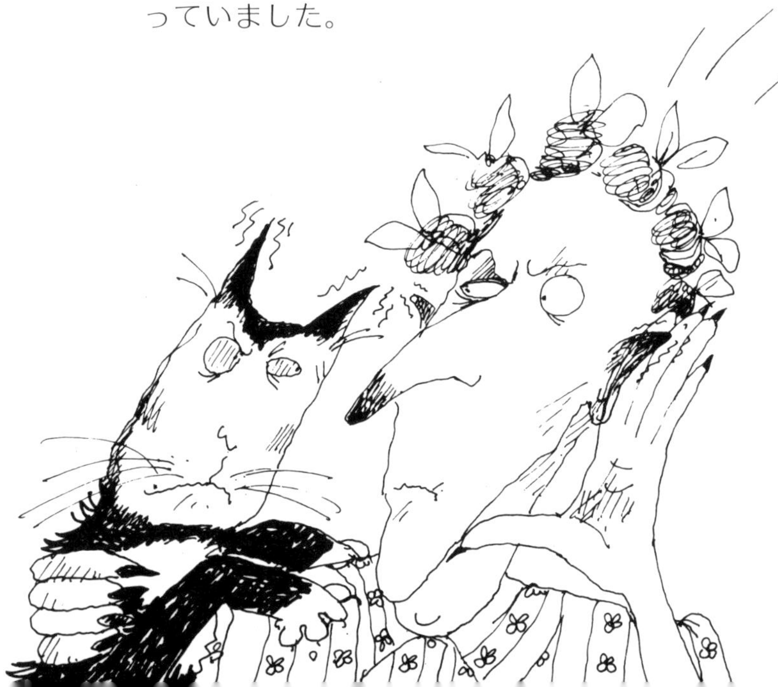

「あの、こぎたない魔女め！　とんでもない食わせ者だ！」
「いっしょのねこだって、性悪な顔つきだわ！」
「マジョコイ町に、あんなのを入れてたまるか！」
「追いだそう！」
「どうやってもいい、とにかく追っぱらっちまえ！」
「アギーとねこ、出てけ！　出てけ！　出てけ！」
　マジョコイの人びとは、知りませんでした。
　アギーとネコは、自分たちのうわさ話なら、一言もらさず、きくことができるのです。
　悪口やかげ口をたたかれていると、耳が焼けるように熱くなります。
　そして今、アギーとネコの耳は、たき火みたいに、じゃんじゃん燃えていました。
　アギーが、さっと立ちあがりました。
「よくも、いってくれたわね！」
　ネコの毛が、ざわっと逆立ちます。
「性悪だって、このぼくが！　ぼくほど親切で、やさしいねこはいないんだぞ！」
「あたしもよ！　アギーさまほど親切で、やさしい魔女はいないんだから。ただし、きげんがいいときだけね」
　アギーのひとみが、ギラリと光りました。
「町のやつらに、思い知らせてやる。二度と忘れられない目に、あわせてやるわ！」

アギーは、さびたかんづめの中で、小石を転がすような、ぶきみな笑い声をもらしました。

「これからは、魔女アギーとネコの名を、うかつに口にできなくなるわよ。あんたたちの声をうばってやる、これが罰よ！　魔法の本を持ってきて！　なべを火にかけるのよ！」

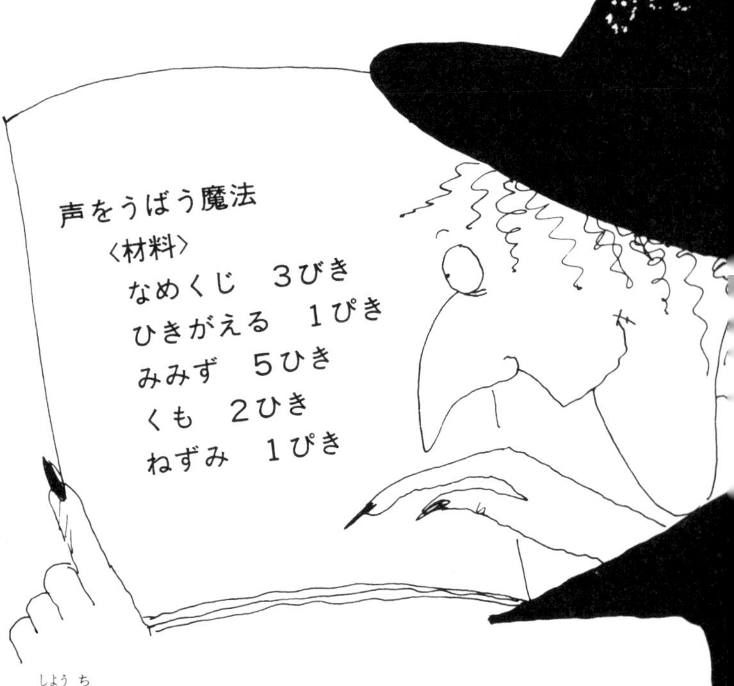

「がってん承知！」

ネコがさけびます。

火をおこすのはネコにまかせて、アギーは、めざす魔法をさがしました。

「死んでるやつだけにしてよ、ネコ。あたしは、生きてる虫やねずみを魔法につかうのは、いやなの。かわいそうすぎるもの」
「よくいうよ。生きてると、なべから飛び出して、にげちゃうからだろ。いちいちつかまえるのが、めんどくさいだけのくせに」
「おだまり！　さもないと、町のやつらといっしょに、あんたの声も、なべに入れるわよ！」

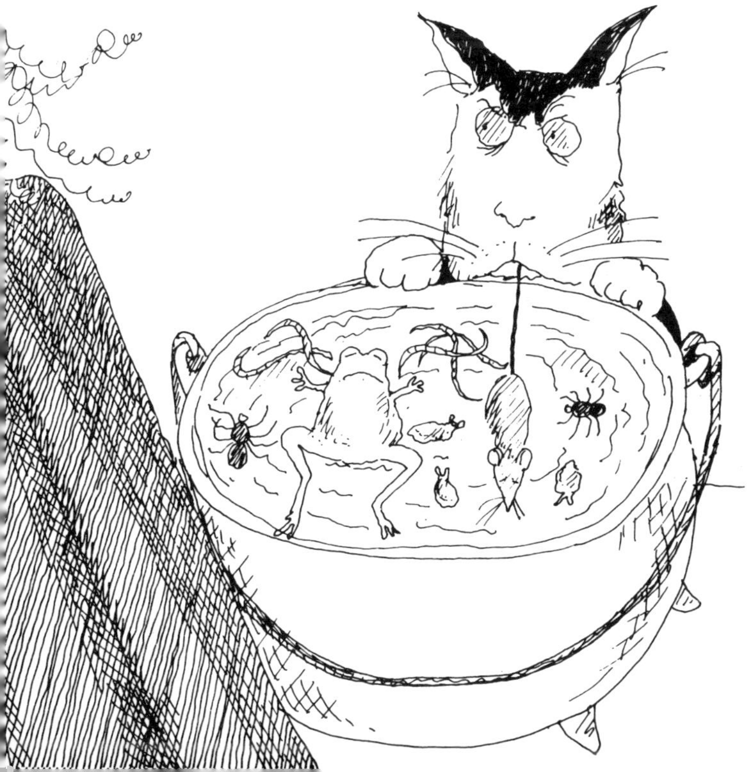

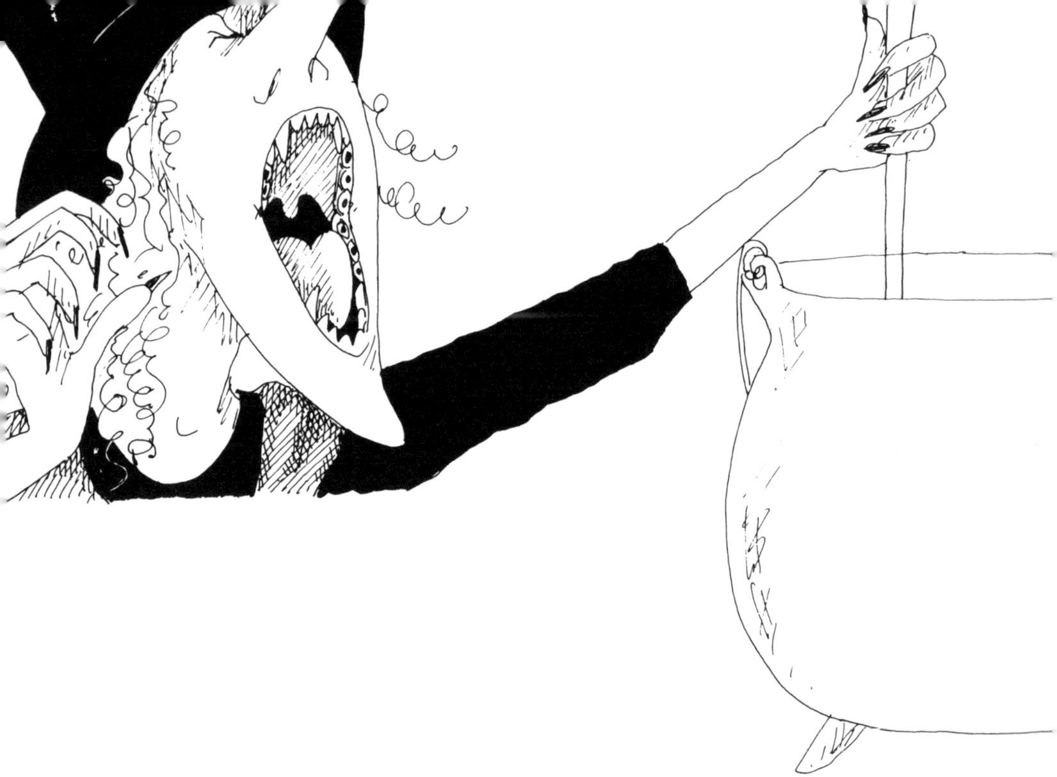

ようやく、すべての準備がととのいました。

アギーは、とんがり帽子の中から、魔法のスプーンをとりだすと、なべの中を、かきまわしはじめました。

かたわらでは、ネコが魔法をかけるときだけ出す、へんてこりんな鳴き声をあげています。アギーは、魔法の呪文をとなえました。

「きたれ　マジョコイの声たちよ
今すぐ　なべに飛びこむがいい
女神よ　力を与えたまえ
ヘカテ　ヘクバ　ハラバルー
でたらめ　いつわり　よみがえれ
ジジャリー　ポカリー　ウィザマルー
ホーカス　ポーカス
フィー　フォー　ファム
アブラカダブラ
魔法よ　かかれ！」

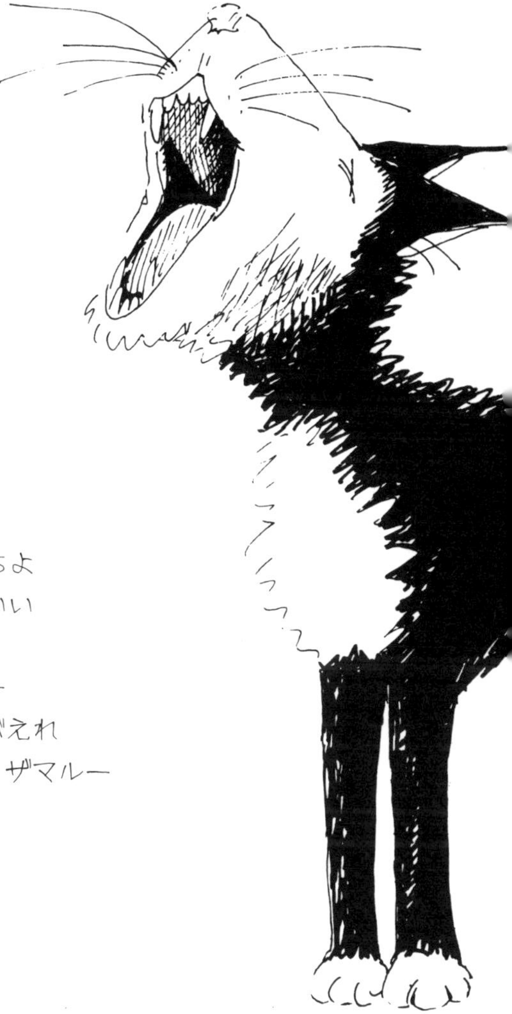

いい終わったとたん、なべの中は、いろんな声で、ぶくぶくあわだちはじめました。ネコは、声がにげだせないよう、すかさずふたをします。

「さてと、魔法のききめはどうかな」

アギーは、口笛をふいてほうきを呼ぶと、ネコといっしょに、ショッピング・センターに飛んでいきました。

町の人たちは、みんな、すっかり色をうしなって、おろおろかけまわっていました。

口を開けたり、閉じたり。

顔をあっちこっち、ゆがめたり。

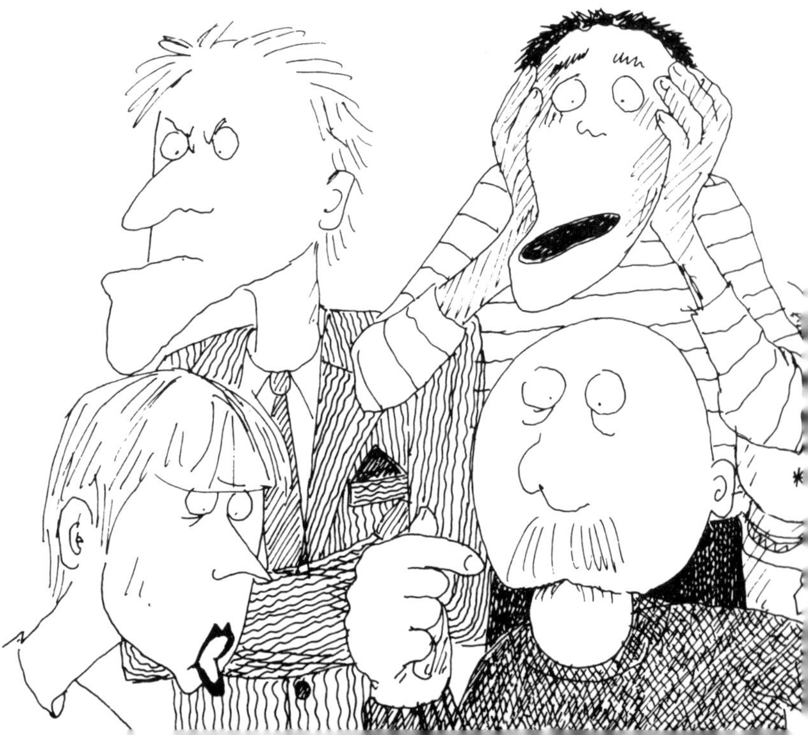

　舌を出してみたり、のどを調べたり。
「あらみなさん、おはよう。いいお天気ね！」
　アギーが呼びかけます。
　みんなこちらを向いて、じっとアギーを見つめるのですが、声は出ません。
「おやおや、声をなくしちゃったみたいだね」
　ネコがいいました。

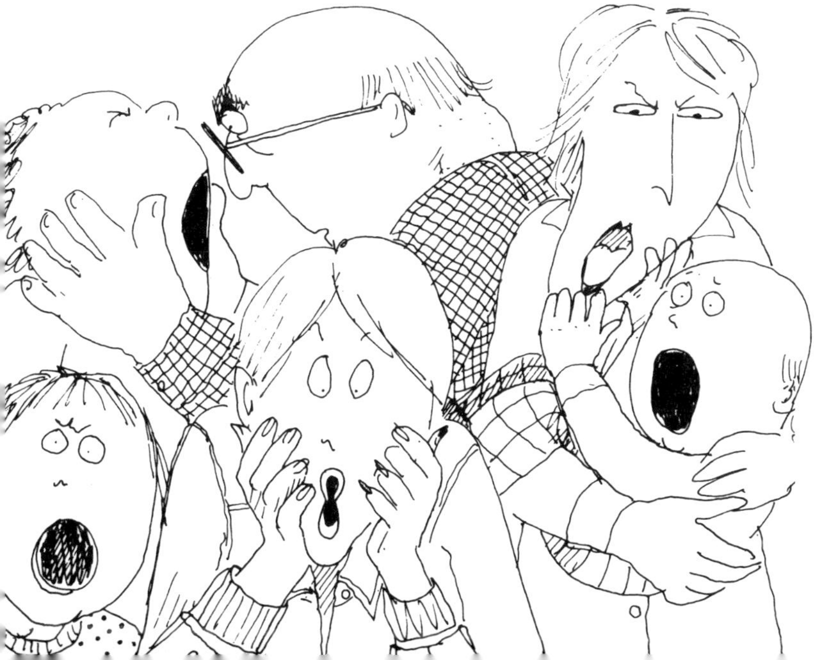

「持っててもしょうがないわ。声は、天からのたいせつな贈（おく）りもの。よそものの悪口をいって、むだづかいするくらいなら、ないほうがましよ」
　そして、自分の声を見せびらかすように、アギーはうたいはじめました。

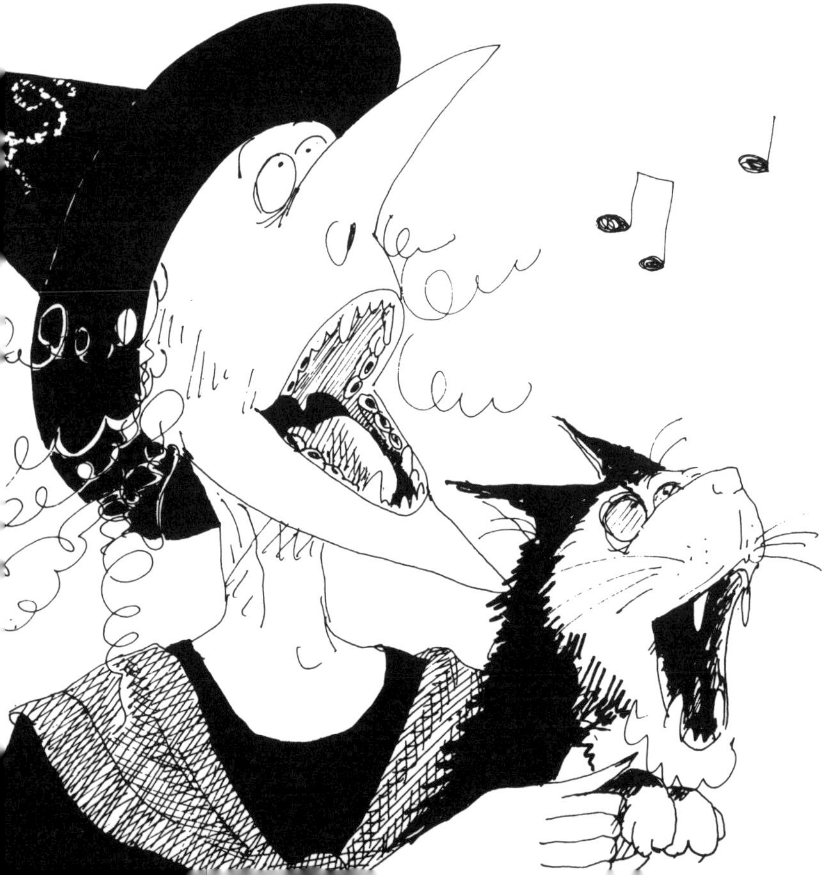

「あたしは魔女よ　魔女アギー
マジョコイ町に住む　魔女よ
魔女は　魔法がつかえるの
なべには　どっさり　みんなの声が
ぐつぐつ　ぶくぶく　にたってる
あれはみんな　あたしのものよ！」

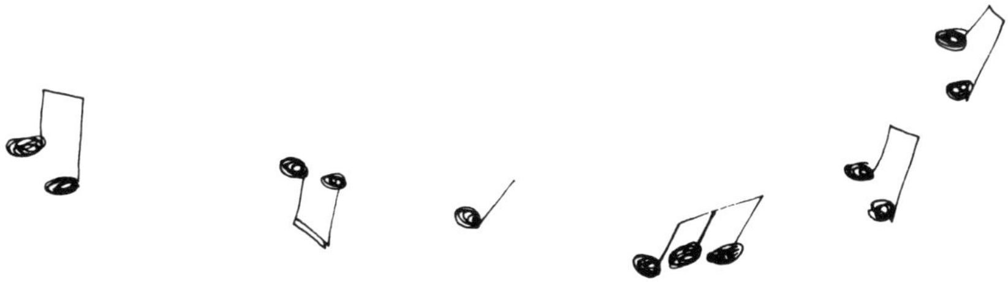

アギーは町じゅうを歩きまわり、この歌を、あらんかぎりの声でうたいました。ネコが、
「アオーン、ギャオーン」
と、伴奏をつけます。
とうとう、アギーがいいました。
「そろそろ、いきましょ。雲から、雨のしずくをとってこなきゃ。魔法につかうから」
魔法という言葉をきくと、マジョコイの人びとはみるみる、青くなりました。みんなあわてて、ふるえる足で、家に帰っていきます。

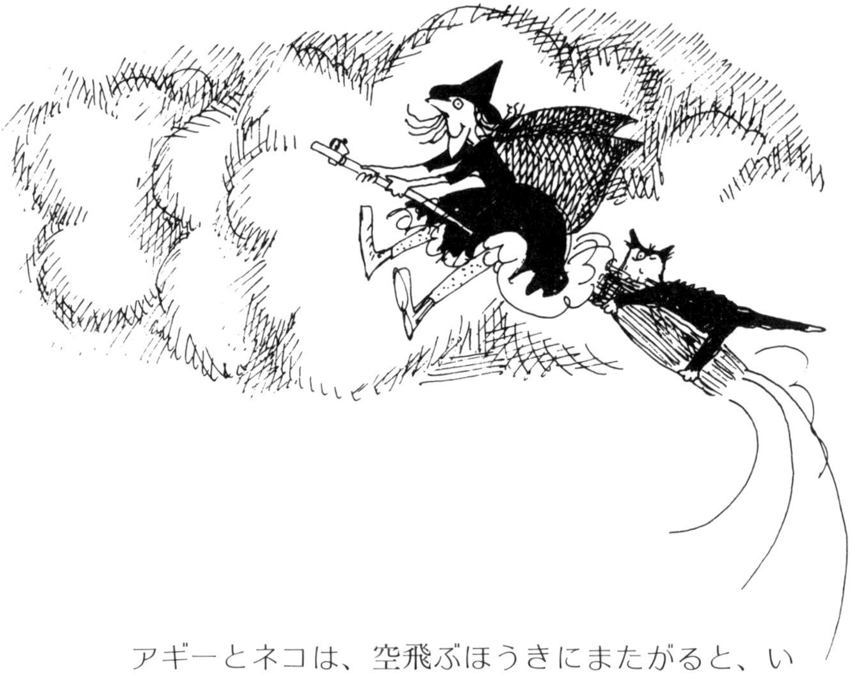

アギーとネコは、空飛ぶほうきにまたがると、いきおいよく、空に舞いあがりました。
「まだ、みんなに、べつの魔法をかける気なの？」
ネコがききました。
「まあ、あとは見てのお楽しみ」
アギーは、そういったきり、教えてくれません。
アギーとネコは、海のほうまで飛んでいって、やっと雲を見つけました。
ネコが雲から、雨のしずくをスイ、とすくって、小さな銀の箱に入れます。そして、アギーとネコはまた、マジョコイにもどっていきました。
「あれっ、アギー、見て！」
ふいに、ネコがさけびました。

アギーたちの家の門の外に、マジョコイの人びとが、ずらりと並んでいます。今はちっとも、いばったり、いじわるをしたりしそうには見えません。

おびえきって、がたがたふるえながら、マクノップさんと、医者のグリンブル先生が進み出ました。手には、大きな黒板をかかえています。

「なにごとなの？」

アギーがききました。

口笛を吹き、めがねを呼びよせると、アギーは黒板の字を読みはじめました。

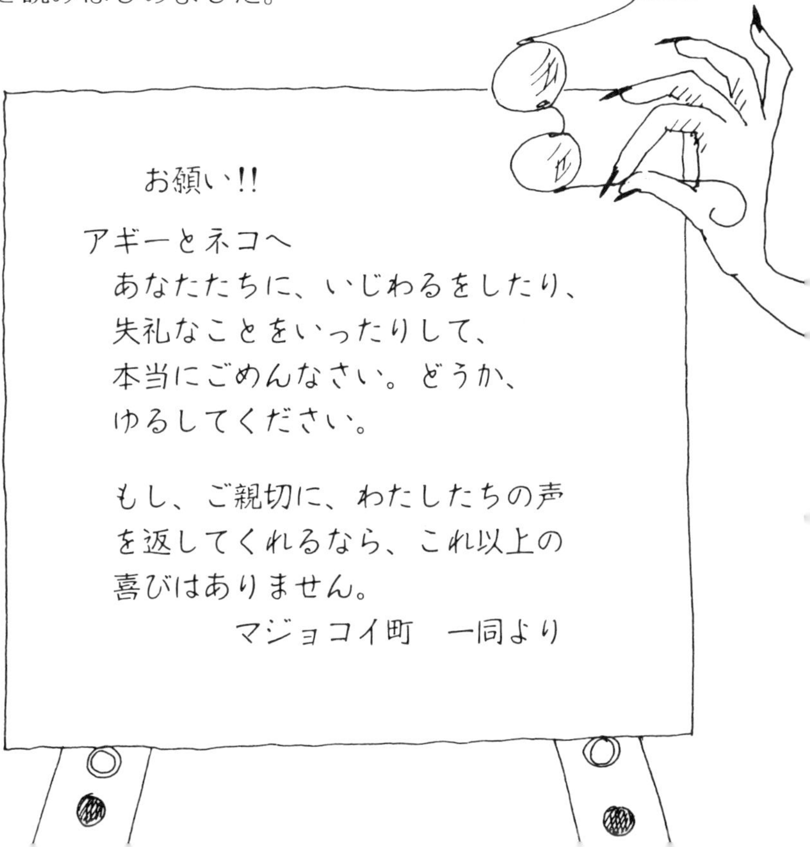

アギーは、どうしようかというように、ネコに向きなおりました。
「声をうばう魔法なら、おぼえてるけどねえ……」
「そうそう、朝めし前だけどね」
ネコも、調子を合わせます。
「でも、声をもどす魔法は、忘れちゃった」
「思い出すには、大金がなくっちゃ」
「そうね、50ポンドぐらい」
アギーがいいました。

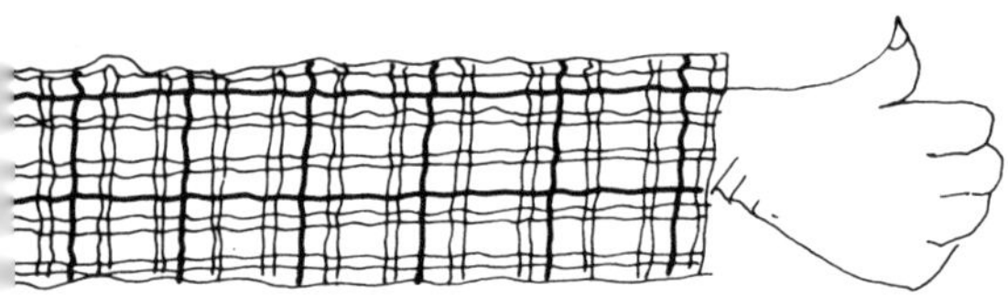

マジョコイ町の人びとが、すかさずポケットをさぐります。ネコは、アギーのとんがり帽子で、みんなのさしだすお金を集めました。
アギーが続けて、
「魔法のなべを家の中におくと、魔法もずっとききめがはやいのよね。この家、いくらかしら？」
マクノップさんが、黒板にかけより、こう書きました――。
<50ポンドでさしあげますよ、アギー>

＊50ポンド＝約8500円

「決まりね！　ネコ、マクノップさんに、お金をわたして。さてと、それじゃあ、声をもどす魔法を思い出せるかどうか、やってみますか」
　火をおこしながら、ネコがききました。
「ねえアギー、この魔法には、なにがいるの？」
　アギーの答えは――
「ちょっぴり、雨のしずくがあればいいだけ！」

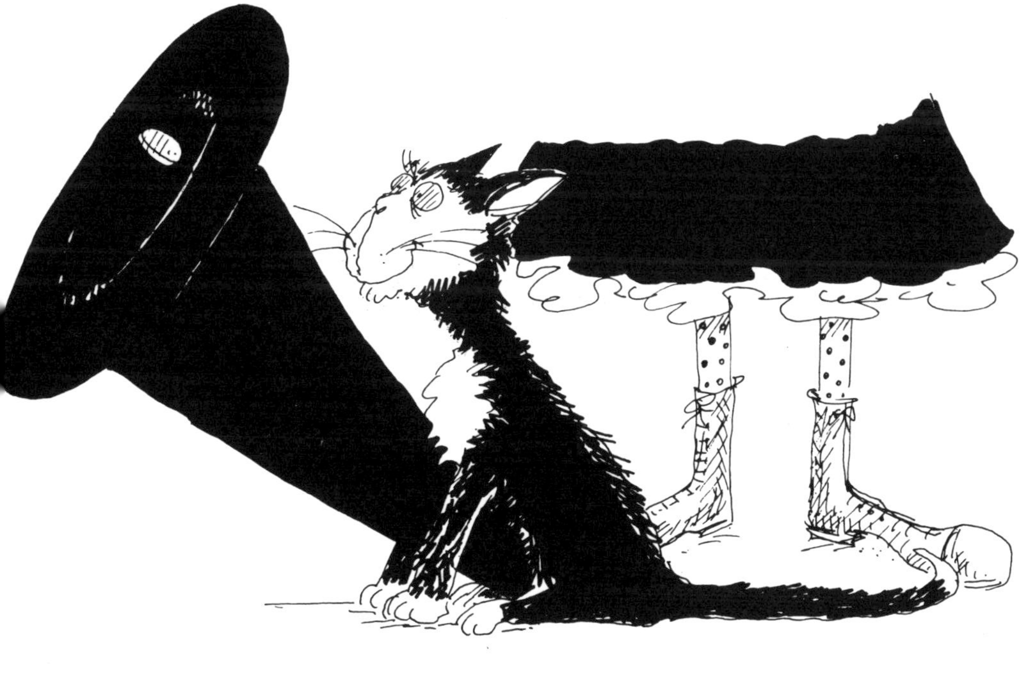

　ネコは、おなかをかかえて、わらいだしました。
「みんながあやまりにくるって、わかってたんだね！ほんとに、ずるがしこい魔女なんだから、アギーってば！」
「たぶんそうかなって、思ってただけよ」
　アギーは、すましていいました。

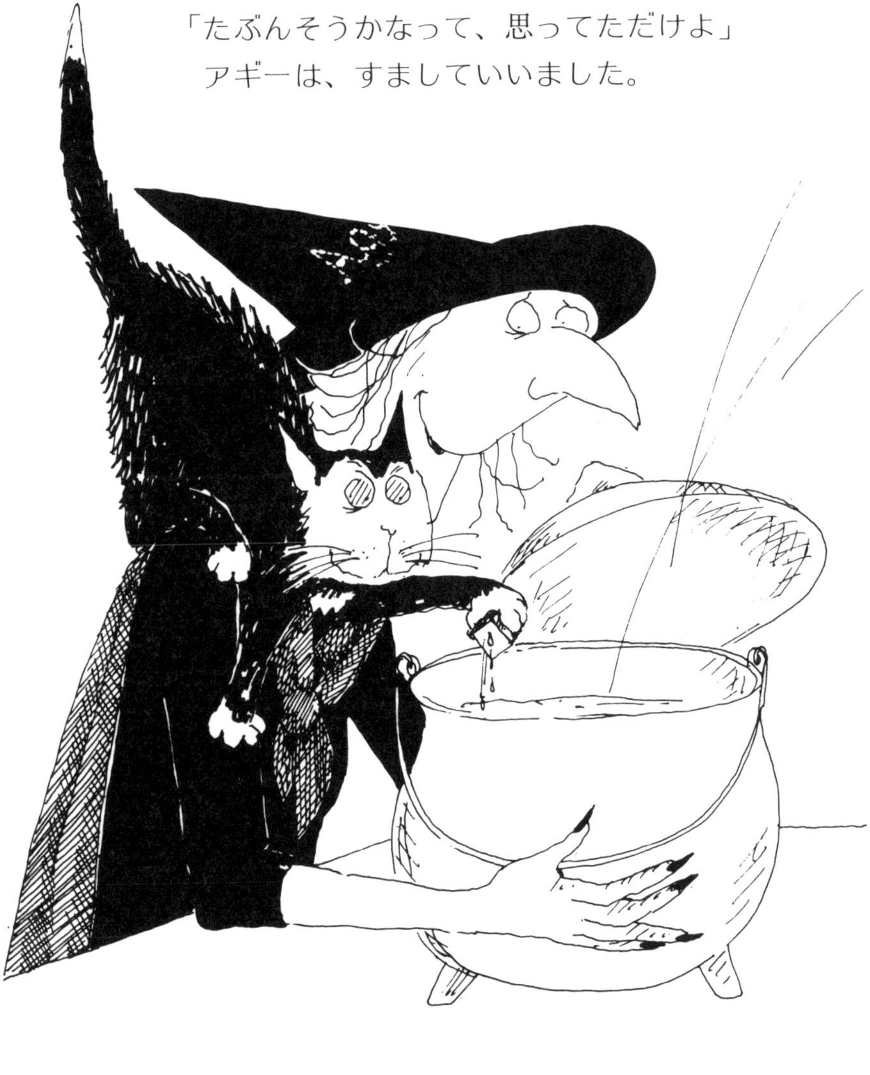

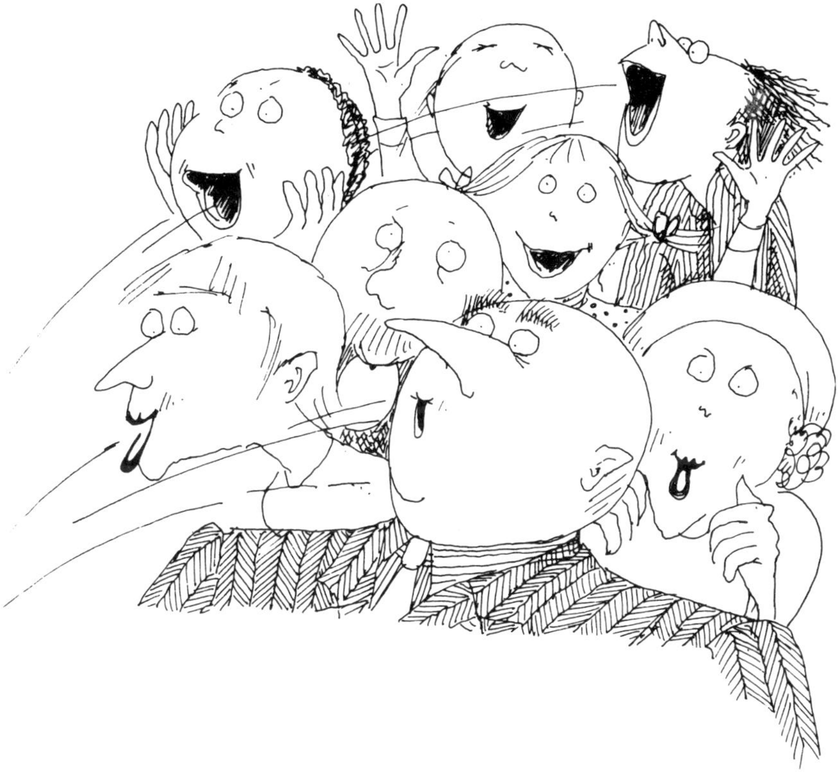

　アギーが、なべのふたを開け、ネコが、雲からとった雨のしずくを、なべに入れました。
　声たちは、ピョン、と飛びあがったかと思うと、それぞれの持ち主のもとへ、もどっていきます。つぎのしゅんかん、いっせいに、歓声があがりました。
「アギーとネコ、マジョコイへ、ようこそ！」
　やがて道の向こうから、町の人たちが、つぎつぎとかけよってきました――あたたかい笑顔をうかべ、手にはお祝いのプレゼントを持って。

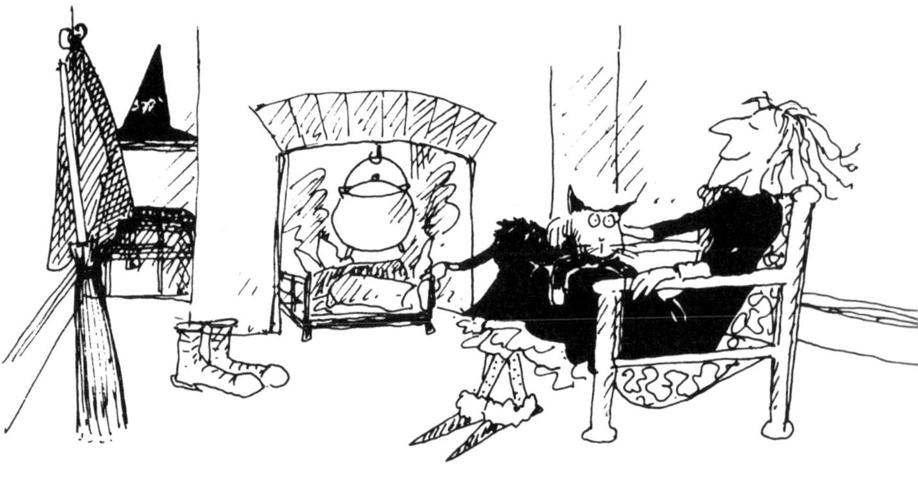

「わが家があって、なかよくできる友だちがいる。ああ、本当に、あたしみたいに幸せな魔女はいないわ！」

　アギーの顔は、うれしさにかがやいています。

「まだ、わが家とはいえないよ。名前がついていないもの」

と、ネコがいいました。

　そのとき、パチン！　ネコの頭に、ある名前がひらめきました。

「アマモリ屋敷！　屋根に穴があいてるから。どう、この名前？」

「うん、ぴったりね！」

　魔女のアギーがいいました。

　こうして、アギーとネコはそれからも、アマモリ屋敷でくらしたのでした。

●著者・訳者紹介●

カーラ・メイ　Kara May

10年ほど前から、多くの児童書を執筆してきた。これまで出版された本は約30冊にのぼり、エイコーン賞も受賞している。著書は「魔女とネコ」シリーズのほかに、“The Dream Snatcher” や “Yeti Boy” （いずれもHarperCollins社）などがある。児童書以外に戯曲やラジオドラマの脚本も書き、ロンドン大学では非常勤で小説の創作クラスを受け持っている。ロンドン南東部在住。

ドフィ・ウィアー　Doffy Weir

英国サリー州サットンに生まれる。両親の反対で美術学校には行かず、ロンドン大学出版会の美術部に就職。文字と図版のレイアウトデザインを担当するうち、同会で出版する本のイラストや装画も手がけるようになった。これまでに “Boltomley Cattery” (Hutchirson社)など、100冊近い本にイラストを描いている。ロンドン、ハックニー在住。

小浜 杏（こはま はるか）

1973年、横浜市に生まれる。東京大学英語英米文学科を卒業後、映画字幕制作会社に勤務。2000年４月、文渓堂より初の訳書『　エネルギーの未来を考える４　地熱・バイオエネルギーが出版される。会社勤務のかたわら、出版翻訳・字幕翻訳者としても活動。本書が２冊目の訳書となる。

装丁　金森三千雄

企画・編集　菜の花編集室／編集協力　佐々都々子／組版アドバイザー　土屋陸太郎

絵本・世界のファンタジー　1
魔女とネコ 1
魔女とネコ 家さがし　　NDC933／63p／195×154mm

2000年11月15日　初版第１刷発行　　ISBN4-434-00112-4

作　者　カーラ・メイ
画　家　ドフィ・ウィアー
訳　者　小浜 杏
発　行　有限会社 小さな出版社　〒274-0824 千葉県船橋市前原東3-15-13
TEL(047)479-5067　FAX(047)479-3364
発　売　株式会社 星雲社　〒112-0012 東京都文京区大塚3-21-10
TEL(03)3947-1021　FAX(03)3947-1617
写植　(有)松竹写植　　製版　システムクラフト(株)　　印刷　ユー・エイド　　製本　(株)若林製本工場